AF477468

BILL VIOLA

REFLECTIONS

a cura di / edited by
Anna Bernardini

SilvanaEditoriale

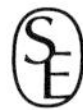

Silvana Editoriale

Progetto e realizzazione / Produced by
Arti Grafiche Amilcare Pizzi Spa

Direzione editoriale / Direction
Dario Cimorelli

Art Director
Giacomo Merli

Traduzioni / Translations
Barbara Venturi, Irene Inserra, Sergio Knipe
per *Scriptum*, Roma

Redazione / Copy Editor
Lorena Ansani

Impaginazione / Layout
Michele Bazzoni

Coordinamento organizzativo / Production Coordinator
Michela Bramati

Segreteria di redazione / Editorial Assistant
Elena Piaggesi

Ufficio iconografico / Iconographic Office
Alessandra Olivari

Ufficio stampa / Press Office
Lidia Masolini, press@silvanaeditoriale.it

BILL
REFLECTIONS
VIOLA

Villa e Collezione Panza, Varese
12 maggio / May - 28 ottobre /
October 2012

Mostra a cura di /
Exhibition curated by
Kira Perov

Con il contributo e Patrocinio di
With a Contribution from and
under the Patronage of

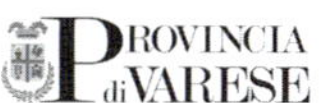

Con il Patrocinio di
With the Patronage of

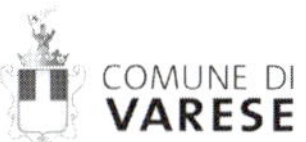

Con il contributo di
With a Contribution from

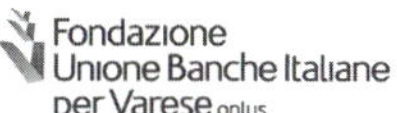

Sponsor tecnici
Technical sponsors

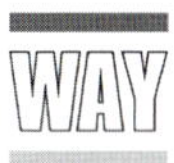

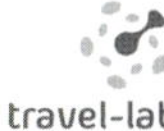

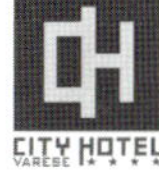

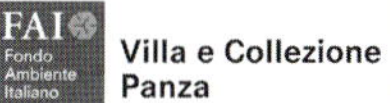
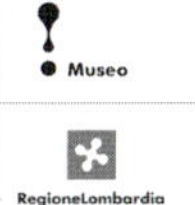

Direttore / Director
Anna Bernardini

Comitato dei garanti
Committee of Guarantors
Giovanni Agosti, Gabriella Belli,
Jean Clair, Marco Magnifico,
Maria Giuseppina Caccia
Dominioni Panza, Angela Vettese

Staff organizzativo
Organizing staff
Erica Gasparini, Giovanni
Giorgetti, Cinzia Micci, Alessandro
Scarfò

Accoglienza al pubblico
Reception
Amalia Fonini

Bill Viola Studio

Direttore esecutivo
Executive director
Kira Perov

Direttore di studio
Studio director
Bobbi Jablonski

Office manager
Marie Corboy

Assistenti curatoriali
Curatorial assistants
McLean Fahnestock,
Christen Sperry-Garcia

Assistente di studio
Studio assistant
John Sarmiento

Testi / Texts
Anna Bernardini
Salvatore Settis
Maria Rosa Sossai

Le opere in mostra sono state
concesse in prestito da / The works
on display have been kindly loaned by
Bill Viola Studio, Long Beach
The Reflecting Pool, Nantes
Triptych, Eternal Return,
Emergence, The Darker Side
of Dawn, Passage Into Night,
Ablutions, Poem B (The Guest
House), The Innocents, Three
Women

*MACM, Musée d'art contemporain
de Montréal*
The Sleepers

Progetto allestimento
Exhibition design
Corrado Anselmi
Bobbi Jablonski

Allestimento
Exhibition mounting
235 MEDIA
Way
Carlo Chinetti
Gianmaria Galli
Michele Palma

Didattica / Education
Settore Scuola Educazione, FAI

Assicurazione / Insurance
*Aon Artscope Fine art Insurance
Brokers
XL Insurance*

Trasporti / Transport
Apice Milano S.R.L.

Si esprime un particolare
ringraziamento a tutti coloro che
hanno contribuito alla
realizzazione della mostra e del
relativo catalogo, e soprattutto a:
Special thanks to all those who
have contributed to the exhibition
and the catalogue, particularly:

Massimo Ambrosini, Maria Grazia
Bellisario, Marida Berlingeri,
Flaminia Bonino, Toto Bulgheroni,
Dora Campisi, James Cohen,
Stephanie Camu, Mario De Simoni,
Silvana Freddo, Paulette Gagnon,
Giovanni Galantina, Anna Gigante,
Alessandra Griscioli, Luigi Jemoli,
Paolo Lamberti, Elena Bonanno di
Linguaglossa, Lidia Leopardi,
Laura Merrone, Chiara Palumbo,
Giovanna Panza di Biumo,
Fabiano Panzironi, Paola
e Guglielmo Piatti, Adriana
Polveroni, Andrea Rurale, Severino
Salvemini, Graham Southern,
Ivan Spertini, Luca Terzuolo,
Massimiliano Vay,
Chiara Vanetti, Anne-Marie
Zeppetelli

Tutte le foto sono realizzate da /
All photos are by Kira Perov
tranne quelle di / except for pp. 73-
75, Louis Lousier e / and pp. 81-83,
Mike Bruce, Courtesy Anthony
d'Offay Gallery

È particolare e ben motivata la soddisfazione con la quale il FAI - Fondo Ambiente Italiano presenta a Villa Panza la mostra *Bill Viola. Reflections*. Si inaugura, infatti, un importante evento volto a rendere omaggio a uno dei protagonisti internazionali della video arte in un luogo storico, abituato a ospitare e a "dialogare" con l'arte contemporanea.

Del resto una delle funzioni essenziali del FAI, oltre alla conservazione, è anche quella della valorizzazione dei suoi beni attraverso l'organizzazione di eventi che ne rispettino pienamente l'identità. Le undici importanti installazionidi Billa Viola che Kira Perov ha pensato e scelto per la mostra di Villa Panza, evidenziano e mettono in luce, concentrandosi sulle esperienze universali dell'uomo, un percorso spirituale, una sorta di cammino di profonda intensità dal quale il visitatore uscirà completamente trasformato: dalla purificazione e dai sogni, alle varie fasi della vita e alla giovinezza, in un ciclo eterno di declino, rinnovamento e rinascita.

Ed è proprio legata a quest'ultima fase - la rinascita - l'opera *Emergence*, uno dei più celebri lavori di Bill Viola, nota anche per il riferimento al patrimonio figurativo del passato e, in particolare, al tema iconografico del *Cristo al Sepolcro* a partire da un affresco di Masolino a Empoli. La sua presenza nella mostra di Villa Panza rappresenta un ulteriore dono dell'artista al territorio di Varese e nello specifico agli affreschi di Masolino da Panicale nella Collegiata di Castiglione Olona.

Un grazie riconoscente va quindi a Bill Viola e Kira Perov per aver aderito con entusiasmo e sensibilità a questa nostra richiesta. All'amico Salvatore Settis per il prezioso contributo concesso, e a tutti coloro che con il proprio generoso sostegno hanno reso possibile questa mostra.

Ilaria Borletti Buitoni
Presidente FAI- Fondo Ambiente Italiano

The FAI-Fondo Ambiente Italiano (Italian National Trust) is particularly proud to present the exhibition 'Bill Viola. Reflections' in Villa Panza - and understandably so: for this important event represents an homage paid to one of the international stars of video art in a historic setting that has long been housing and "engaging with" contemporary art.

One of the crucial functions of the FAI, aside from its conservation work, is precisely to promote the heritage it is entrusted with by organizing events that fully respect its identity. The eleven important installations of Bill Viola's that Kira Perov has specifically selected for the exhibition in Villa Panza centre on universal experiences of mankind. They trace a spiritual itinerary, a kind of deeply moving path which brings about a radical transformation in visitors: from purification and dreams to the different stages of life and youth, in an eternal cycle of decline, renewal and rebirth.

The last of these stages - rebirth - is illustrated in *Emergence*, one of Bill Viola's most celebrated works. It is particularly famous for its reference to the figurative tradition of the past, and especially the iconographic theme of *Christ in the Sepulchre*, as explored in a fresco by Masolino in Empoli. Through this installation in the exhibition in Villa Panza, the artist is paying further homage to the Varese area and to the frescoes by Masolino da Panicale in the collegiate church of Castiglione Olona.

Grateful thanks, therefore, goes to Bill Viola and Kira Perov for having met our request with both enthusiasm and great sensitivity; to our friend Salvatore Settis for his precious contribution; and to all the people who have made this exhibition possible through their generous support.

Ilaria Borletti Buitoni
President FAI - Fondo Ambiente Italiano

Regione Lombardia accoglie con entusiasmo la mostra *Bill Viola. Reflections* che il FAI - Fondo Ambiente Italiano realizza nella suggestiva ambientazione di Villa Menafoglio Litta Panza di Biumo.

La villa, nota in tutto il mondo per l'autorevole collezione d'arte contemporanea raccolta dal conte Giuseppe Panza di Biumo, espone il lavoro dell'artista statunitense Bill Viola, undici opere ripensate per questi spazi, già sede fin dagli anni settanta, delle opere di Bruce Nauman, uno dei padri fondatori dell'arte concettuale.

In un percorso armonioso nell'atmosfera di luci e colori progettata per volontà del conte Panza di Biumo dagli autori dell'arte ambientale Robert Irwin e James Turrell, e attraverso il *Varese Corridor* di Dan Flavin, la scuderia, ristrutturata e riallestita nel 1998 da Gae Aulenti, e l'ala sud della villa, assumono con l'opera di Viola una struttura mistica al di là dei confini spazio-temporali per una contemplazione spirituale che restituisce rimandi celebrativi di saggezza attinta dalla storia. Una necessità meditativa che contraddistingue tutta l'opera dell'artista, in costante riflessione sul senso della vita e della morte, esegesi anche di una profonda conoscenza dei capolavori dell'arte occidentale e orientale, di una vocazione alla bellezza del patrimonio figurativo della pittura medioevale e rinascimentale di carattere religioso.

La maestria di Viola è quella di arricchire immagini presenti nel patrimonio culturale della nostra identità, riproponendo allo spettatore, come l'artista stesso afferma, l'emotività e la spiritualità insita nelle stesse. Lo fa con una padronanza assoluta del mezzo tecnologico, normalmente considerato freddo e impersonale. Viola dimostra come la ricerca, la sperimentazione e la conoscenza delle nuove tecnologie possano diventare veicolo di altissima espressività, capaci di trasporsi in emozione: chiunque guardi le sue opere non può che esserne totalmente assorbito, proiettato in una percezione del tempo alterata. Viola conferisce a ogni singolo istante della sua video arte un valore a sé, vissuto dallo spettatore come emozione personale e percezione unica di un'opera universale. Sono emozionanti i continui rimandi alla memoria che scaturiscono dall'osservazione dell'installazione *The Emergence*, opera del 2002, che trasporta in video la *Pietà*, affresco del 1424 di Masolino da Panicale, pittore amato in queste zone per i meravigliosi affreschi del battistero e della Chiesa Collegiata di Castiglione Olona.

Lo sviluppo e l'utilizzo degli ultimi ritrovati tecnologici anche in ambito artistico, dimostra come il rapido sviluppo comunicativo, che contraddistingue questo attuale straordinario momento storico-sociologico, sia la base per una sempre più attenta ricerca, produzione ma anche conservazione dell'arte, che si apre in questo contesto a evoluzioni infinite. Questo pensiero è totalmente condiviso dalla Regione Lombardia che è orientata sui processi di innovazione e di progresso tecnologico in tutti gli ambiti culturali ed educativi, operando quotidianamente per favorire e sviluppare la totale accessibilità al sapere che è il vero cambiamento epocale del mondo digitale.

Il più vivo apprezzamento va al FAI che dimostra anche in questa occasione l'indissolubile necessità di valorizzazione della cultura legandola alla valorizzazione del territorio. Un'occasione dal respiro internazionale, in una città dalla lunga tradizione culturale, Varese amata dalla borghesia illuminata lombarda, che ha visto tra i suoi cittadini uno dei maggiori collezionisti d'arte contemporanea del mondo, che ha il merito di aver fatto conoscere all'Italia alcuni dei più importanti movimenti dell'arte del dopoguerra e di averli messi a disposizione del pubblico che può ammirarli nella cornice di un luogo straordinario dove passato e presente confluiscono in un concerto di immagini che il conte Giuseppe Panza di Biumo, in una sapiente, profetica azione di responsabilità, ha donato al Fondo Ambiente Italiano che ancora una volta dimostra di valorizzare il patrimonio che gli è stato affidato.

Assessorato all'Istruzione,
Formazione e Cultura della Regione Lombardia

The Lombardy Region enthusiastically welcomes the exhibition 'Bill Viola. Reflections' which the FAI-Fondo Ambiente Italiano (Italian National Trust) is holding in the charming setting of Villa Menafoglio Litta Panza di Biumo.

The villa – known throughout the world for its imposing contemporary art collection established by Count Giuseppe Panza di Biumo – is hosting eleven works by the American artist Bill Viola. These have been specifically selected for the villa's rooms, which since the 1970s have been housing works by Bruce Nauman, one of the founding fathers of conceptual art.

Through a well balanced itinerary, in an atmosphere shaped by the lighting and colours created on behalf of Count Panza di Biumo by the site-specific artists Robert Irwin and James Turrell, as well as Dan Flavin with his *Varese Corridor*, the stables of the villa – renovated and redesigned by Gae Aulenti in 1998 – and its southern wing acquire a mystical appearance through Viola's work: transcending spatio-temporal limits, they attain a form of spiritual contemplation that resounds with celebratory echoes of wisdom drawn from history. This contemplative undertone marks the whole œuvre of the artist, ever engaged in a reflection on the meaning of life and death. His pursuit stems from a profound knowledge of the masterpieces of Western and Eastern art, and from a yearning after the beauty of medieval and Renaissance religious painting.

Viola's skill lies in his ability to enrich images from our cultural heritage, offering viewers – as the artist himself explains – their inherent emotiveness and spirituality. He does so with a perfect mastery of the technological medium he employs, which is usually regarded as a cold and impersonal one. Viola shows how research, experimentation and acquaintance with new technologies can contribute to a high level of expressiveness, and thus be translated into emotions: anyone gazing at his works will be completely absorbed by them, and introduced to an altered perception of time. In his video art, Viola assigns each instant value in itself, which the viewer will experience in terms of personal feelings, as the perception of a single universal work. Particularly stirring are the constant reminiscences of *Emergence* (2002), an installation that provides a video transposition of the *Pietà*, a 1424 fresco by Masolino da Panicale – a painter much appreciated in Lombardy for his magnificent frescoes in the baptistery and collegiate church of Castiglione Olona.

The development and use of the latest technological inventions in the field of art show how the rapid process of evolution in communications that marks the extraordinary historical and sociological period we are living in also provides the foundations for increasingly detailed research, creations and indeed forms of conservation work in art, which in this context is opening up to endless transformations. This view is fully shared by the Lombardy Region, which favours processes of innovation and technological progress in all cultural and educational sectors, working on a daily basis to make knowledge fully accessible – for this is the momentous innovation of the digital world.

Our warmest appreciation goes to the FAI, which on this occasion has once again given proof of the crucial need to base the promotion of culture on that of local areas. This event is an international one and it is being held in a city – Varese – that boasts a long cultural tradition and is much loved by the enlightened bourgeoisie of Lombardy. Among its citizens is one of the world's most famous contemporary art collectors, who has the merit of having introduced Italy to some of the most important art movements from the aftermath of the war, making them available to the public. People can now admire these works in a wonderful setting that blends past and present thanks to the harmonious selection of paintings which Count Giuseppe Panza di Biumo has donated to the FAI in a wise and far-seeing act of responsibility. Once again, the FAI has proven capable of making the most of the heritage with which it has been entrusted.

Department of Education,
Vocational Training and Culture of the Lombardy Region

L'evoluzione dell'arte si è ovviamente intrecciata con le conseguenze prodotte sul piano percettivo
dalle innovazioni tecnologiche. Il coinvolgimento sul piano fisico, psicologico ed emotivo prodotto
dalla forma e dall'espressione artistica contemporanea ha da tempo trovato ospitalità nella collezione
di Villa Panza articolata in stanze d'arte ambientale di innegabile fascino in virtù della dedizione
a questo genere da parte di Giuseppe Panza di Biumo. Come non apprezzare dunque in questo vero
e proprio tempio della cultura e della bellezza senza tempo la sensibilità di Bill Viola, profeta di
quell'arte virtuale capace di collegare la tecnologia del ventesimo secolo all'antico desiderio di abitare
un'immagine, di entrarvi. Il territorio provinciale grazie all'impegno e alla sensibilità delle sue
istituzioni e in particolare del Fondo Ambiente Italiano è in grado oggi di promuovere e soprattutto
ospitare tra i suoi splendidi scenari paesaggistici questa perfetta sintesi tra ambiente, tradizione
culturale ed escursioni nella ricca rappresentazione pittorica europea rivisitata e rianimata
virtualmente oltre la staticità della rappresentazione classica. Un perfetto connubio tra passato
e continuità della ricerca e della produzione artistica di ogni tempo che mette ancora una volta Varese
al centro dell'attenzione internazionale.

Dario Galli
Presidente della Provincia di Varese

The evolution of art has clearly been shaped by the consequences produced by technological innovations on the level of perception. The kind of physical, psychological and emotional engagement engendered by contemporary art forms and expressions has long found a place in the Villa Panza collection. This unfolds across six fascinating environmental art rooms, reflecting the love of this genre cherished by Giuseppe Panza di Biumo. Within this genuine temple to culture and timeless beauty, it is easy to appreciate Bill Viola's sensibility, as a prophet of virtual art and a link between 20th-century technology and the ancient desire to access and inhabit images. Thanks to the work and sensitivity of local institutions, and particularly of the Fondo Ambiente Italiano (Italian National Trust), our province today has the chance to promote and especially host within its splendid settings this perfect synthesis between nature, cultural traditions and inroads into European painting in all of its wealth revisited and virtually brought to new life beyond the static modes of classical representation. This perfect blend between the past and the unbroken artistic pursuit spanning all ages once again places Varese in the international spotlight.

Dario Galli
President of the Province of Varese

SOMMARIO / CONTENTS

INTRODUZIONE ALLA MOSTRA

Anna Bernardini

La mostra *Reflections*, a tre anni dalla retrospettiva sull'opera di Bill Viola curata da Kira Perov a Palazzo delle Esposizioni di Roma, offre la possibilità di vedere riunite negli spazi di Villa e Collezione Panza del Fondo Ambiente Italiano a Varese undici videoinstallazioni dell'artista che ripercorrono alcune momenti significativi della sua produzione dagli anni settanta sino al primo decennio del Duemila. I lavori convocati in mostra sono stati scelti con l'intento di stimolare un dialogo poetico con l'architettura del museo, i suoi spazi - sia nelle Scuderie che al primo piano della villa - e con l'ambiente esterno. Il percorso dell'esposizione si pone come una sorta di 'viaggio' interiore per chiunque sia alla ricerca del Sé.
Già dal titolo della mostra si evince il tema centrale che accompagna lo spettatore e lo avvicina alla ricerca intrapresa da Bill Viola. Da una parte, infatti, emerge il valore semantico del "riflesso" che rappresenta in modo trascendentale la trasmutazione dell'individuo nello spazio, dove lo specchio potrebbe riflettere l'Io (pensiamo al mito di Narciso), dall'altra sottintende al tema della "riflessione" come desiderio di conoscere, di riconoscere e di guardare dentro se stessi in profondità.
Numerose sembrano essere le connessioni tra la ricerca di Bill Viola e i molti temi che trovano piena espressione nella collezione varesina a partire da una forte e comune spiritualità, così come la presenza della luce (naturale o artificiale, azionata da accensione o spegnimento), dal suo utilizzo e dalla sua percezione; connessioni e relazioni che, seppur trascritte "con una gamma di forme espressive diverse" come scrive Maria Rosa Sossai nel testo del catalogo, "sono state pensate per invitare lo spettatore a partecipare a una sorta di 'sacra conversazione'".
L'artista utilizza il video principalmente per esplorare il fenomeno della percezione inteso come cammino per giungere alla conoscenza di se stessi. Nelle opere degli artisti d'arte ambientale e minimale della Collezione Panza la percezione così come la luce rispondono entrambe a una necessità più di ordine filosofico che estetico con la finalità di identificare i momenti primari di ogni emozione e trovare il punto iniziale dell'esperienza esistenziale, "quel particolare momento che i poeti e i mistici provano con grande intensità" (Giuseppe Panza, *Jim Turrell*, Motta Architettura, Milano 1998, p. 6).
I principi e la ricerca di Bill Viola come video artista sono focalizzati sulla creazione di installazioni e ambienti che occupano a volte intere stanze, combinando suoni, effetti acustici e proiezioni in spazi architettonici che coinvolgono lo spettatore da un punto di vista fisico, psicologico ed emotivo. Più di un'opera di Bill Viola fa riferimento a questo spazio intimo di esperienza nel quale raramente ci è consentito accedere, qualcosa che sembra 'riposare' nel fondo dell'anima e dà un'impronta alla nostra vita. Tuttavia Viola varia sensibilmente la misura con la quale permette al pubblico di accedere a questo spazio. Nell'installazione *The Sleepers*, proveniente dal MACM di Montréal e per la prima volta esposta in Italia, le immagini di figure che

INTRODUCTION TO THE EXHIBITION

Anna Bernardini

Three years after the retrospective on Bill Viola's work curated by Kira Perov in the Palazzo delle Esposizioni in Rome, the exhibition 'Reflections' offers the opportunity to admire eleven video installations by the artist, brought together in the Panza Villa and Collection of the Fondo Ambiente Italiano (Italian National Trust) in Varese. These works trace important stages of his career from the 1970s to the first decade of the 2000s. The works for the exhibition have been selected to poetically engage with the architecture of the museum, its spaces – the stables and the first floor of the villa – and the exterior. The exhibition path is conceived as a sort of inner 'voyage' for those on a quest for the Self.

The very title of the exhibition illustrates the central themes that will accompany visitors and introduce them to Bill Viola's research. For on the one hand we find the semantic value of "reflection", which transcendentally embodies the transmutation of the individual in space, the mirror serving to reflect the Ego (as in the myth of Narcissus); on the other, we find the theme of "reflection" as the desire to know, recognize and scrutinize oneself at a deep level.

Numerous links may be traced between Bill Viola's pursuits and the many themes fully expressed in this Collection in Varese, starting from a shared marked spirituality and the presence of light (whether natural or artificial, to be switched on or off), its use, and its perception. These links and relations, while "based on a range of different forms of expression" - as Maria Rosa Sossai writes in the text of the catalogue – "have been conceived in such a way as to invite viewers to take part in a sort of 'sacred conversation'".

The artist primarily employs videos to explore the phenomenon of perception as a path to self-knowledge. In the works of environmental and minimal art in the Panza Collection, perception and light serve philosophical rather than aesthetic goals: the aim is to identify the primary moments of each feeling and find the starting point of the existential experience, "that particular moment which poets and mystics so intensely perceive" (Giuseppe Panza, *Jim Turrell*, Motta Architettura, Milan 1998, p. 6).

Bill Viola's principles and research as a video artist centre around the creation of installations and environments that often take up whole rooms and combine sounds, acoustic effects and screenings within architectural spaces, so as to engage viewers from a physical, psychological and emotional point of view. Several of Bill Viola's works refer to this intimate experiential space which we only rarely have access to - something that seems to 'rest' at the bottom of our souls and shapes our lives. Yet, the extent to which Viola allows the public to access this space varies considerably. In the installation *The Sleepers*, from the Musée d'Art Contemporain de Montréal, now on display in Italy for the first time, images of sleeping figures are shown on black-and-white screens at the bottom of seven water-filled metal barrels. The work can only be viewed from a certain distance, through the clear liquid: any direct contact is prevented with

dormono sono proiettate su schermi televisivi in bianco e nero posti in fondo a sette barili di latta bianchi pieni d'acqua. L'opera si potrà osservare da una certa distanza e solo attraverso il liquido trasparente: viene di fatto negato qualunque contatto diretto con quanto risiede al suo interno. In altre opere invece gli spettatori sono avvolti all'interno dello spazio espositivo e al tempo stesso percepiscono la forte tensione interiore che scaturisce dall'installazione caratterizzata da una intensa capacità immersiva, fisica, sensoriale e ultrasensoriale. Questa duplice caratteristica si può cogliere in modo profondo e ugualmente variabile in relazione ad alcune opere e ai site specific di Villa Panza quali il *Varese Room* di Maria Nordman del 1976, il *Varese Sky* di James Turrell, l'*Aerosplane* di Michael Brewster del 1993, il *Monument for Those Who Have Been Killed in Ambush* del 1966 o l'*Ultraviolet Fluorescent Light Room* del 1968 di Dan Flavin dove il visitatore sente di essere chiamato a fare una scelta: condividere o rifiutare le sensazioni avvolgenti e sconvolgenti provocate da queste "immersioni".

La cultura filosofica, le scienze, la tecnologia sono altri temi al centro della ricerca di Bill Viola e ugualmente evocati in molte delle opere presenti a Villa Panza e nello spirito di chi questa collezione l'ha creata.

Anche il tema iconografico della natura viene proposto in quest'occasione grazie alla presenza dell'installazione *The Darker Side of Dawn* del 2005 esposta al primo piano della villa come una sorta di eco al meraviglioso parco e alla sua antichissima quercia: un'opera della natura a sua volta trasformata in opera d'arte.

Con *Emergence* del 2002 Bill Viola, rielaborando uno dei grandi temi dell'arte cristiana, *il Cristo al Sepolcro*, ne ripropone il tema iconografico a partire da un affresco di Masolino da Panicale del 1424 conservato al Museo Diocesano di Empoli. La presenza di quest'opera nella mostra è il commuovente omaggio dell'artista al nostro territorio, agli affreschi di Masolino della Collegiata di Castiglione Olona e del Sacro Monte di Varese. Anche qui - così come nell'incontro con il capolavoro di Bill Viola - il pellegrino durante il percorso della via sacra si sente parte di un miracoloso teatro che ha la forza di trascinare continuamente a sé nuova vita e nuova morte in un ciclo eterno.

Un ringraziamento riconoscente a Bill Viola e a Kira Perov per aver accolto il nostro invito e per avere condiviso con grande generosità questo progetto. A Bobbi Jablonski e a tutto lo Studio Viola per la costante e paziente assistenza e per il preziosissimo aiuto. A Salvatore Settis e a Maria Rosa Sossai per gli appassionati contributi e a Elena Bonanno, Stephanie Camu e Graham Southern che ci hanno accompagnato nella realizzazione di questa mostra.

what lies within it. With other works, by contrast, viewers are enveloped by the exhibition space and at the same time get to perceive the strong inner tension springing from the installation, with its marked physical, sensory and ultra-sensory capacity for immersion. This double characteristic may be grasped in a profound and just as variable form in a number of works from Villa Panza, including the site-specific ones, such as Maria Nordman's 1976 *Varese Room*, James Turrell's *Varese Sky*, Michael Brewster's 1993 *Aerosplane*, and Dan Flavin's 1966 *Monument for Those Who Have Been Killed in Ambush* and 1968 *Ultraviolet Fluorescent Light Room*. Visitors here feel they are faced with a choice: to either embrace or reject the enveloping and shocking feelings engendered by these "immersions".

Philosophical culture, science and technology are other themes at the centre of Bill Viola's research that are evoked in many of the works in Villa Panza, as well as by the spirit of its collection. The iconographic theme of nature is also explored on this occasion, through the 2005 installation *The Darker Side of Dawn,* on display on the first floor of the villa as a sort of counterpart to its wonderful gardens and ancient oak: a work of nature that has been turned into a work of art. With his 2002 work *Emergence,* Bill Viola has offered his own take on one of the leading themes of Christian art, Christ in the Sepulchre. He has explored this iconographic theme by drawing inspiration from a 1424 fresco by Masolino da Panicale in the Museo Diocesano in Empoli. The presence of this installation in the exhibition represents a moving homage paid by the artist to our land and to Masolino's frescoes in the collegiate church of Castiglione Olona and on the Sacro Monte in Varese. Pilgrims on this holy path – like the visitors encountering Bill Viola's masterpiece – feel part of a miraculous representation capable of constantly drawing new life and new death to itself in an eternal cycle.

Grateful thanks goes out to Bill Viola and Kira Perov for accepting our invitation and most generously sharing this project with us; to Bobbi Jablonski and the whole Viola Studio for their unflagging assistance, patience, and most precious help; to Salvatore Settis and Maria Rosa Sossai for their fascinating contributions; and finally to Elena Bonanno, Stephanie Camu and Graham Southern for helping us organize this exhibition.

RIFLESSIONI OLTRE LA SOGLIA DEL VISIBILE

Maria Rosa Sossai

Il primo viaggio di Bill Viola in Italia, è stato più volte rammentato, risale al 1974, quando, appena ventenne, viene chiamato da Maria Gloria Bicocchi a Firenze per lavorare in qualità di operatore video ad art/tapes/22. La direttrice del centro di produzione video ricorda come già allora fossero riconoscibili in lui quelle qualità introspettive che lo avrebbero reso un artista unico nel panorama internazionale, qualità non riconducibili a un genere o a un movimento specifici. La sua approfondita conoscenza della tecnologia video unita a una concezione intimamente spirituale dell'arte gli permetterà di sviluppare una ricerca espressiva che ha tracciato i principi di un nuovo umanesimo fondato su un uso etico oltre che estetico dell'immagine elettronica, in cui la tecnica è uno strumento di trasformazione della coscienza individuale.

Fin dagli esordi della sua ricerca, quando ancora gli artisti usavano la videocamera per esplorare le potenzialità del linguaggio video, Bill Viola non si limitava a filmare la realtà esterna, ma considerava la video camera l'occhio con il quale osservare le fenomenologie della percezione e mettere a fuoco la dimensione simbolica degli elementi naturali di cui la figura umana è parte integrante.

La mostra *Reflections*, a tre anni di distanza dalla retrospettiva sull'opera di Bill Viola curata da Kira Perov al Palazzo delle Esposizioni di Roma, offre l'opportunità di vedere riunite negli spazi della Villa e Collezione Panza - FAI a Varese, undici videoinstallazioni dell'artista che ripercorrono alcune tappe significative della sua produzione dagli anni settanta sino al primo decennio del Duemila.

Nel videotape *The Reflecting Pool* (1977-1979) la ripresa con camera fissa è il tentativo di rendere la fluidità di un tempo unico, che in realtà è costituito da diverse registrazioni separate ed editate in dissolvenza, con una transizione graduale e progressiva da un'immagine all'altra. L'artista vede se stesso agire mentre emerge da un bosco i cui passaggi di luci e ombra si riflettono su un grande bacino d'acqua in primo piano; è nitido qui il richiamo alla pittura nell'evocazione di quella stessa intensa ed enigmatica atmosfera del paesaggio boschivo che fa da sfondo nel dipinto *Le déjeuner sur l'herbe* di Manet. Durante il tuffo, il fermo immagine cristallizza il corpo rannicchiato nell'aria, senza però che la sua figura si rispecchi sulla superficie dell'acqua, come se i due elementi non avessero alcuna relazione tra loro. Anche nelle sequenze successive una serie di mancate corrispondenze tra immagini reali e immagini virtuali - che procedono ignorando la logica di causa ed effetto - lasciano fluire libere associazioni, liberamente iscritte in una temporalità parallela. Si stabilisce così un rapporto dinamico tra fenomeni visibili e processi psichici, sentimenti, associazioni e ricordi, al di là delle leggi dell'esperienza limitata nel tempo e nello spazio. "Il video ha i mezzi per rendere visibile quello che visibile non è [...]. La videocamera diventa l'occhio che permette di filmare il reale ma anche di apprendere un mondo nascosto dietro l'apparenza delle cose"[1].

REFLECTIONS BEYOND THE THRESHOLD OF THE VISIBLE

Maria Rosa Sossai

As has often been recalled, Bill Viola made his first journey to Italy in 1974: at the young age of twenty, he was called to Florence by Maria Gloria Bicocchi to work as a video operator at art/tapes/22. According to the director of the video production centre, at the time he already showed some of those introspective traits destined to make him a unique artist on the international scene – traits that cannot be linked to any one genre or movement. His detailed knowledge of video technology, combined with an intimately spiritual conception of art, enabled him to develop an expressive research which laid down the principles of a new humanism founded on an ethical as well as aesthetic use of electronic images, with technology serving as an instrument for the transformation of individual consciousness.

 Right from the start of his pursuits, at a time when artists were using the videocamera to explore the potential of the language of video, Bill Viola never confined himself to filming exterior reality; rather, he approached the camera as an eye through which to observe the phenomena of perception and bring into focus the symbolic dimension of natural elements, of which the human figure is an integral part.

Three years after the retrospective on Bill Viola's work curated by Kira Perov in the Palazzo delle Esposizioni in Rome, the exhibition 'Reflections' offers the opportunity to admire eleven video installations by the artist, brought together in the FAI Panza Villa and Collection in Varese. These works trace important stages of his career from the 1970s to the first decade of the 2000s.

In the videotape *The Reflecting Pool* (1977-79) a fixed camera is used to capture the flow of a single moment of time. The video actually consists of various separate recordings edited with a fade-out effect, leading to a gradual, progressive transition from one image to the next. The artist gazes at himself as he emerges from a grove, with passages of light and shadow reflecting on a large water basin in the foreground. A clear reference is here made to painting, as the video evokes the vibrant and mysterious atmosphere of the wooded landscape which provides the background for Manet's *Le déjeuner sur l'herbe*. When the figure dives, the image crystallizes on the body curled-up in mid-air, which yet does not reflect on the surface of the water, as if there were no relation between the two elements. Also in the following sequences, a series of missing correspondences between real and virtual images – which follow one another ignoring the law of cause and effect – elicit the flow of free associations within a parallel chronological dimension. A dynamic relation is thus established between visible phenomena and psychological processes, feelings, associations and memories, beyond the laws of experience, bound by time and space. "Videos have the means to make visible what is not [...] The video camera becomes the eye which enables the filming of reality as well as the apprehension of a world concealed behind the appearance of things."[1]

Negli anni novanta alcuni lutti familiari saranno per Bill Viola la dolorosa occasione per meditare sulle emozioni come forme soggettive di conoscenza e superare i "vecchi modi di pensare che perpetuano la separazione dello spirito dal corpo"[2]. Ha inizio un lungo percorso introspettivo durante il quale Bill Viola si misurerà da artista con i grandi e ineludibili temi della speculazione umana: che cos'è la vita, perché si muore e cosa ci attende dopo la morte. Questa ricerca di ordine esistenziale che compendia la natura morale e fisica dell'individuo, lo porterà a considerare il rapporto diretto dell'arte con la tecnologia che esprime al meglio le sue potenzialità quando rivela la dimensione autentica della cosa rappresentata.

Entrando nel merito della dimensione etica e di una comprensione autentica di sé, Bill Viola ha affermato: "Come ha detto il filosofo americano Jacob Needleman, abbiamo girato le spalle alle energie più potenti del nostro essere, alla fonte della più umana delle qualità, la compassione, senza la quale nessun potere morale autentico è possibile"[3]. Presente alla mostra *Reflections*, la video proiezione a un canale *Emergence* (2002) è ispirata a un affresco di Masolino da Panicale in cui il Cristo è rappresentato nel momento della Resurrezione. Qui alla concezione laica del trapasso come termine di tutto, si contrappone la promessa cristiana di rinascita come vita eterna. In questo video lo sgorgare copioso dell'acqua dal sepolcro nel momento in cui il corpo emerge, congiunge lo stato della morte con quello della nascita quando la rottura delle acque nel parto permette la fuoriuscita del bambino dal ventre materno. Il tempo dunque è una figura circolare dove nascita e morte sono parte dello stesso ciclo e se anche la vita materiale ha una fine, ogni esistenza lascia un'eredità del suo passaggio a quelli che restano. Il corpo del Cristo uomo che risorge dal sepolcro "a un ritmo lentissimo, volutamente inadeguato e astorico"[4] è in sintonia con il tempo eterno del Padre che lo attende, mentre le sue spoglie terrene vengono avvolte in un lenzuolo dalle pie donne. Così "in un mondo che ripudia la morte, Bill Viola è uno dei pochi artisti in grado di evocarla"[5].

Nantes Triptych (1992) e *The Sleepers* dello stesso anno affrontano l'indissolubile legame esistente tra vita, morte e sonno. Sui tre schermi accostati orizzontalmente della videoinstallazione *Nantes Triptych*, sono proiettate simultaneamente in sequenza le fasi che contraddistinguono la condizione umana: a sinistra e a destra le immagini di un parto e le toccanti sequenze dell'agonia della madre dell'artista. Al centro l'energia della vita è rappresentata da un corpo maschile vestito che sembra essersi sottratto alla 'regola' della forza di gravità e liberamente abbia accettato la natura instabile e precaria della vita. Le scene acquistano il loro pieno significato nel momento in cui vengono intercettate dallo sguardo dello spettatore il quale, spostandosi da uno schermo all'altro, crea un proprio montaggio, seguendo la scia delle suggestioni che le immagini mettono in relazione con il suo vissuto. Il rapporto che si stabilisce tra l'opera e il fruitore è per Viola la dimostrazione visibile che il video è un processo dinamico in continua evoluzione, un campo di energie "percepito come un si-

In the 1990s some family losses proved painful for Bill Viola and caused him to reflect on emotions as subjective forms of knowledge and to overcome "old ways of thinking that perpetuate the separation of spirit and body."[2] This was the beginning of a long introspective journey for Bill Viola, who came to engage as an artist with the great and inescapable themes of human thought: the meaning of life, why we die, and what awaits us after death. This existential research, concerning the moral as well as physical nature of the individual, led him to consider the direct relation between art and technology, which best expresses its potential when it reveals the authentic dimension of what is represented.

Addressing the issue of ethics and genuine self-understanding, Bill Viola stated: "As the American philosopher Jacob Needleman has argued, we have turned our backs on the most powerful energies of our own being, on the source of the most human of all qualities, compassion, without which no authentic moral power is possible."[3] The single-channel video *Emergence* (2002), featured in the exhibition 'Reflections', was inspired by a fresco by Masolino da Panicale showing the Resurrection of Christ. In contrast to the secular conception of passing as the end of everything, we here find the Christian promise of a rebirth into eternal life. In this video, the copious gushing forth of water from the sepulchre the moment the body emerges links the state of death to that of birth, when the breaking of the waters during childbirth enables the delivery of the child from the mother's womb. Time, therefore, takes a circular form, in which birth and death are part of the same cycle; and although there is an end to material life, each existence leaves a trace of its passage in those who remain. The body of the human Christ who rises from the sepulchre "at an extremely slow, intentionally inadequate and a-historical pace"[4] is in tune with the eternal time of the Father who awaits him, as the pious women envelop his earthly remains in a shroud. Thus "in a world that shuns death, Bill Viola is one of the few artists capable of evoking it."[5]

Nantes Triptych (1992) and *The Sleepers* from the same year explore the indissoluble link between life, death, and dreams. On the three screens arranged side by side for the video installation *Nantes Triptych,* the various phases marking the human condition are simultaneously shown in sequence: on the left and on the right are the images of a delivery, and touching sequences illustrating the death throes of the artist's mother. At the centre is the energy of life, represented by a clothed male body that appears to have escaped the "rule" of the force of gravity and to have freely embraced the unstable and precarious nature of life. These scenes acquire full meaning the moment they are intercepted by the gaze of the viewer, who by moving from one screen to the next creates a montage of his own, so to speak, following a trail of suggestions which the images link to his own personal background. Viola regards the relation established between the work and viewer as visible proof of the fact that videos are a dynamic, ever-changing process, an energy field "perceived as a living system, the product of a dynamic interaction between viewers and technology."[6] In the installation *The*

stema vivente, frutto di un'interazione dinamica tra spettatore e tecnologia"[6]. Nell'installazione *The Sleepers* il sonno notturno simula quello eterno, mentre dal sogno, che ne è la sua premonizione, scaturisce l'attività dell'inconscio, un fenomeno complesso sul quale Bill Viola si è spesso interrogato per avvicinarsi a una più profonda conoscenza dell'essere umano. Ecco allora la dimensione onirica delle persone addormentate, le cui immagini sono proiettate su schermi posti al fondo di sette fusti riempiti d'acqua. La penombra rischiarata dalla luce proveniente dai monitor, permette al pubblico di viverle come figure del presente – l'uso di schermi a circuito chiuso ci ricorda che siamo nell'era della telesorveglianza – eppure esse provengono da un luogo che è insieme ignoto e noto. Quando lo spettatore si china sulla superficie liquida e il riflesso del suo viso incontra quello dei dormienti, il rispecchiamento sembra annullare qualsiasi distanza tra lo stato del sonno e quello della veglia, rimandando a chi guarda un'immagine di sé sconosciuta o ancora non rivelata.

Più volte nel corso di seminari e conferenze Bill Viola ha messo in guardia contro il paradosso di un sistema comunicativo planetario che ha l'enorme potere di connettere gli esseri umani tra di loro in tempo reale ma che volutamente ignora la sfera emotiva. Contrastando la manipolazione della realtà che un uso consumistico e distratto delle immagini comporta, l'arte può svolgere il compito di congiungere mondi apparentemente distanti tra loro – fisico, spirituale e metafisico.

Chi abbia fatto pratica di meditazione, ritroverà nei video e nelle parole di Viola la stessa attenzione vigile al momento presente che questa pratica richiede e la conseguente coscienza di una forte spinta immaginaria che lega la natura degli esseri viventi alla dimensione infinita del cosmo.

Nel duemila Viola inizia un ciclo di ritratti proiettati su LCD piatti in cui i corpi che appaiono e scompaiono sui quadri-schermi hanno la stessa qualità immateriale della proiezione che li richiama in vita, azionata da un tasto di accensione e di spegnimento.

I sentimenti di dolore, perdita e separazione evocati dai gesti e dalle espressioni degli attori-protagonisti, coinvolgono emotivamente l'osservatore per l'intensità della rappresentazione e l'uso espressivo dei piani ravvicinati. Un'espressività e un formato che si richiamano entrambi in modo esplicito alla ritrattistica della pittura rinascimentale, così descritta dallo storico dell'arte Salvatore Settis: "Mediante la rappresentazione per piani ravvicinati (*dramatic close-up* secondo la definizione di Sixteen Ringbon), l'osservatore è chiamato all'interno dello spazio di azione del quadro. Condivide la scena sacra e viene al tempo stesso invitato a completare mentalmente le figure rappresentate solo a metà e a immaginare gestualità e movimenti."[7].

Il supporto dello schermo consente a Bill Viola di rinnovare il genere del ritratto e la resa fisionomica di reazioni emotive nella mobilità dei visi proiettati, come sottolinea Henri de Riedmatten, "usando la tecnologia dello schermo tipico dei computer portatili, l'opera collega

Sleepers night sleep simulates eternal sleep, while dreams – its premonition – bring forth the activity of the unconscious, a complex phenomenon which Bill Viola has often investigated as a means of acquiring a deeper understanding of human nature. Presented here, then, is the oneiric dimension of people asleep, images of whom are shown on screens at the bottom of seven water-filled barrels. In the semi-darkness, with only a dim light shining from the screens, the impression is that these are figures from the present – the use of closed-circuit screens being an allusion to the fact that we find ourselves in the age of video surveillance; yet, they come from a place that is both known and unknown. When viewers stoop over the liquid surface and their gaze meets that of the sleepers, this mirroring seems to remove all distance between the state of sleep and that of wakefulness by presenting viewers with an unknown or yet unrevealed image of themselves.

At seminars and conferences, Bill Viola has often warned against the paradox of a planetary system of communication that has the huge power of mutually connecting human beings in real time while intentionally ignoring the emotional sphere. By opposing the manipulation of reality entailed by a consumerist and superficial use of images, art can link apparently distant worlds – the physical, spiritual, and metaphysical.

People who are familiar with the experience of meditation will find in Viola's videos and words the same mindful attention to the present moment that is required by this practice, and the same awareness of a strong imaginative drive connecting the nature of living beings to the infinite dimension of the cosmos.

In 2000, Viola set to work on a cycle of portraits screened on flat LCD. The bodies that appear and vanish in these video paintings possess the same immaterial quality of the projection which brings them to life through an on/off button.

The feelings of pain, loss and parting evoked by the gestures and expressions of the actors and protagonists emotionally engage observers through the poignancy of the representation and the expressive use of close-ups. This expressiveness and format explicitly recall Renaissance portraiture, which the art historian Salvatore Settis has described in the following terms: "Through what Sixteen Ringbon has called 'dramatic close-ups', viewers are drawn within the space of action of the painting. They come to share the sacred scene and are at the same time invited to mentally complete the figures which are only half shown and to imagine their gestures and movements."[7] The medium of the screen enables Bill Viola to renew the genre of portraiture and the rendering of emotional reactions through the movements of the faces screened. As Henri de Riedmatten has stressed, "by using the monitor technology typical of laptops, the work ingeniously connects two distant yet parallel ages, both witnessing a revolution that influences the material conditions of images."[8]

According to Lev Manovic, in the historical sequence of different generations of screens – the

con ingegno due epoche distanti ma parallele, tutte e due testimoni di una rivoluzione che influenza le condizioni materiali dell'immagine"[8].

Secondo Lev Manovic, nella sequenza che storicamente si è succeduta in generazioni di schermi - classica, dinamica e del computer - la terza fase nella quale ci troviamo, quella del computer, permette di diversificare i dati visivi potenziandone le funzioni e di conseguenza il significato. Questo tipo di esperienza estetica introduce il processo dinamico dello scorrere delle immagini e un sistema incrociato di relazioni tra lo spettatore e lo spazio di proiezione. Si può parlare allora di opere che mettono in atto una diversa conoscenza del visibile; l'uso del dvd ha annullato il tempo del riavvolgimento della pellicola e della cassetta video, accentuando l'effetto bidimensionale. Cosicché il tempo digitale è diventato infinito, eterno, reso paradossalmente simile all'immagine di un quadro sempre potenzialmente presente allo sguardo. Un tempo assoluto in continuo divenire, senza passato e senza futuro.

La relazione tra emozioni interiori e i gesti in grado di esprimerle viene resa nel dittico *Eternal Return* (2000), attraverso gli effetti illusionistici di un corpo che transita tra due schermi congiunti verticalmente. Le immagini proposte in un movimento inverso a quello naturale, trasformano l'impatto del corpo in caduta nell'acqua in un corpo che risale, a indicare così lo sforzo necessario per accedere a uno stadio spirituale più evoluto. Ma manifestano anche l'atto del lasciare andare e l'abbandono del controllo razionale delle capacità percettive, distacco necessario per oltrepassare i limiti fisici imposti dalla materia.

Tema ricorrente in tutta l'opera dell'artista è l'acqua quale riconoscimento del ruolo determinante che questo elemento ha avuto nell'iconografia dei grandi maestri della pittura e per la sua qualità di forza dinamica naturale. Il suo fluire è in relazione con lo scorrere del tempo, così come lo è il medium liquido del pigmento steso sulla tela o, ricorda Viola, lo scorrere degli elettroni.

Nella sua complessa simbologia l'acqua celebra il rito di purificazione attraverso il quale i gesti ordinari si trasformano in qualcosa di inedito. Un uomo e una donna nel dittico *Ablutions* (2005) raccolgono nelle loro mani dell'acqua sorgiva. Questo semplice gesto evoca un atto di purificazione e di rigenerazione. Anche le mani hanno un valore evocativo: con le mani si impartisce la benedizione, si impongono le mani nella cerimonia del battesimo e la loro solenne gestualità da sempre è il segno di riconciliazione.

Il tema iconografico del paesaggio naturale torna nuovamente in *The Darker Side of Dawn* (2005) attraverso la contemplazione di una grande quercia ripresa con camera fissa dall'oscurità sino all'alba e al buio della sera successiva. La sua chioma maestosa e immobile sembra svolgere tra la terra e il cielo quella stessa funzione vitale di collegamento che lo sciamano svolgeva tra gli spiriti della natura e i membri della comunità. La compenetrazione dello sguar-

classic, the dynamic, and the computer one – the third is the one we now find ourselves in: that of computers, which makes it possible to differentiate visual data while strengthening their functions and hence meaning. This kind of aesthetic experience introduces the dynamic process of the flow of images and a system of interrelations between the viewer and the screening space. One may speak, therefore, of works illustrating a different form of visual knowledge: for the use of DVDs has removed the rewind time of films and videocassettes, leading to a more two-dimensional effect. Digital time has thus grown infinite, eternal, and paradoxically similar to the image of a painting always potentially present before one's gaze. An absolute, ever-changing time, with no past or future.

The relation between inner emotions and the gestures capable of conveying them is expressed in the diptych *Eternal Return* (2000) through the illusionistic effects of a body shifting between two vertically joined screens. The images of a counter-natural movement turn this body plunging into the water into a body in the act of resurfacing, suggesting the effort required to attain a more evolved spiritual state. These images also express the act of letting go and releasing one's control over one's faculties of perception, the detachment required to transcend the physical limits of matter.

A recurrent theme in the artist's work is water: an acknowledgement of the crucial role this element plays in the iconography of the great masters of painting, and of its value as a dynamic natural force. In its flowing, water stands in relation to passing time, as does the liquid medium of colour applied to the canvas or, as Viola recalls, the flow of electrons.

In its complex symbolism, water may be seen as a celebration of the ritual of purification through which ordinary gestures turn into something unprecedented. In the diptych *Ablutions* (2005), a man and a woman collect spring water in their hands. This simple gesture evokes an act of purification and regeneration. Hands too possess a symbolic value: blessings are imparted with one's hands, the ceremony of baptism features the laying on of hands, and solemn hand gestures have always been used as a sign of reconciliation.

The iconographic theme of the natural landscape surfaces again in *The Darker Side of Dawn* (2005) through the contemplation of a large oak, filmed with a fixed camera from dusk till dawn, and again until the nightfall of the following evening. The imposing and motionless crown of the tree seems to exercise the same vital function as a link between earth and sky that the shaman used to exercise as a link between the spirits of nature and the members of his own community. The interpenetration of the fixed view of the camera through the slow passing of time – ever-changing yet always the same – elicits a momentary loss of temporal and spatial awareness. Much in the same vein, in *Passage into Night* (2005) the natural phenomena of desert mirages and the hallucinations they engender bring about a visual disturbance allowing everything to optically merge in the passage from an earthly reality to a different, transcendent one. Through

do fisso della ripresa che si attua nel lento volgere del tempo sempre diverso e sempre uguale, provoca una momentanea perdita di cognizione temporale e spaziale.

Così in *Passage into Night* (2005) i fenomeni naturali del miraggio nel deserto e gli stati allucinatori che esso produce, causano una perturbazione dell'immagine che è la condizione necessaria perché tutto si fonda otticamente nel passaggio tra una realtà terrena e un'altra realtà di natura trascendentale. Per effetto del caldo torrido i contorni delle cose, l'orizzonte, il cielo, le dune e la stessa figura umana che avanza si liquefanno e danno vita a forme ondulate e astratte di luce. Quando i tratti della donna che si avvicina lentamente verso lo spettatore si fanno più distinti, la sua fisionomia fluttuante rimane un enigma, una presenza visionaria. E nel momento in cui la sua figura copre interamente l'inquadratura, ci si chiede se la nostra facoltà percettiva si sia ridotta o si sia piuttosto acuita.

Il tempo eterno del presente
Il tentativo costante di Bill Viola è di dimostrare che il tempo è una nozione duttile, in cui presente e passato si distanziano e si integrano mediante l'uso delle tecnologie. Ha dichiarato in un'intervista che in generale quello che il video ha permesso agli artisti è restituire il tempo reale, un'immagine simultanea di sé. Si può vedere se stessi non come un'immagine del passato, come nella fotografia, ma come immagine del presente.
Tuttavia il presente dell'opera video, proprio per la sua stratificazione complessa e sfuggente, è frutto della coesistenza di più passaggi: i tempi relativi alle fasi della ripresa e del montaggio sono, nel momento della proiezione, entrambi trascorsi mentre il tempo presente si identifica con quello della visione. Qual è allora l'immagine del presente? Ogni volta che le immagini in movimento vengono proiettate, il tempo si 'fa presente' in quel lasso temporale della visione di cui lo spettatore si appropria, riconoscendo l'esperienza estetica come parte di sé.
"...lo spettatore delle opere di Viola riconosce sempre che egli stesso è parte del mondo fenomenico ed elemento di un organismo cosmico vivente. Egli diventa simultaneamente spettatore e parte integrante delle sue opere"[9]. Nel video quindi è la temporalità a rinnovarsi, ogni qualvolta la proiezione interagisce con una ricezione-visione.
La coesistenza di diversi livelli temporali è narrata nel trittico su plasma *Poem B (The Guest House)* (2006) in cui una donna anziana rivive il suo passato. Sono frammenti, flashback, ricordi, improvvisi risvegli provocati dalla vista di oggetti familiari della sua casa. Le immagini di fatti passati e rievocati dalla memoria, costituiscono un serbatoio emotivo con cui è possibile costruire quel processo proiettivo che, ricorda Viola, è stato analizzato dalla filosofia orientale secondo la quale l'immagine è la proiezione di qualcosa che già esiste dentro chi guarda, dato che conteniamo all'interno di noi le forme del passato, quelle del presente e il futuro.
Se il tempo in sé non esiste ma è il prodotto di una convenzione (nella sua teoria del cinema Ed-

the torrid heat, the contours of things, the horizon, the sky, the dunes and even the advancing human figure melt, giving rise to wavy and abstracts light shape. Although the features of the woman slowly moving towards the viewer gradually acquire greater definition, her fluctuating complexion remains a mystery and vision. The moment her figure takes up the whole frame of the video, we are led to wonder whether our faculty of perception has diminished or increased.

The Eternal Time of the Present
Bill Viola is always seeking to show that time is a flexible notion, with present and past growing apart or becoming mutually integrated through the use of technologies. In one interview, he argued that what videos have enabled artists to do in general is to render real time - a simultaneous image of themselves. Videos enable us to see ourselves not as an image from the past - as in the case of photography - but as an image from the present.

Still, the present of video artworks, precisely because of its complex and elusive stratification, stems from the coexistence of several passages: the time of the filming and editing phases will already have passed when a video is screened - both will be over and the present time will coincide with that of the viewing. What, then, is the image of the present? Whenever moving images are screened, time 'becomes present' within the chronological framework of the act of viewing, an aesthetic experience which the viewer will acknowledge as part of his own self.

"... the viewer of Viola's work always acknowledges that he himself is part of the phenomenal world and an element of a cosmic living organism. He simultaneously becomes a viewer and an integral part of his works."[9] In videos, therefore, time renews itself whenever the screened work interacts with its visual reception.

The coexistence of different temporal levels is illustrated in the plasma-screen triptych *Poem B (The Guest House)* (2006), in which an elderly lady relives her past. Familiar objects in her home bring up fragments, flashbacks, memories and sudden recollections. The images of past events conjured in one's memory constitute an emotional reservoir through which it is possible to develop that process of projection which - as Viola notes - has been analysed in eastern philosophy. According to the latter, images are the projection of something which already exists inside the viewer, since within ourselves we have the forms of the past, present, and future.

If time as such does not exist but is rather a convention (in his film theory Edgar Morin speaks of a combination of real and unreal), it is just as clear that thought is not located within reality but only within ourselves - that it is always relative to our own existence and never absolute.

gar Morin parla di un insieme di reale e irreale), siamo altrettanto coscienti che il pensiero non è nel reale ma in noi, sempre relativo al nostro esistere e mai assoluto.

Il nulla è la condizione dalla quale veniamo e alla quale faremo ritorno. Il lento avanzare dei giovani protagonisti di *The Innocents* (2007) e *Three Women* (2008) è scandito dal passaggio dal b/n al colore nel momento in cui oltrepassano un muro d'acqua. Solo allora i corpi acquistano sembianze reali e sembrano tornare per un breve momento in vita. Nel primo dittico un ragazzo e una ragazza, varcata la parete liquida, si guardano attorno, sollevando lo sguardo, poi entrambi voltano le spalle per tornare lì da dove sono venuti. Nel secondo video le ombre indistinte di tre giovani donne sono mute testimoni di qualcosa di indicibile. Cosa hanno visto? Non c'è spiegazione alla loro condizione e questa incertezza spinge lo spettatore a interrogarsi sulla loro identità e sulla loro sorte. Chi sono allora gli *innocenti* e *le tre donne*? Persone morte prematuramente? Individui che in vita hanno sofferto ingiustizie? Perché Bill Viola richiama in vita coloro che non ci sono più? Forse perché, come scrive il poeta senegalese Birago Diop, "i morti non sono mai andati via" ma rimangono tra noi sotto forma di pura energia.

La nascita delle immagini, si sa, è strettamente connessa alla paura di morte, che veniva esorcizzata con le decorazioni parietali delle tombe per prolungare così la vita del defunto. Ma esiste un'altra ipotesi, quella espressa dai versi del poeta senegalese e condivisa da molti studiosi di religioni antiche, da archeologi e mistici, ovvero che la morte sia stata inventata dall'essere umano per perpetuare il suo dominio sul vivente e avere il controllo della comunità instillando l'angoscia della fine. E che prima che si costruissero strutture sacre e si praticasse l'inumazione dei corpi, la morte non esistesse. La riflessione di una storica delle religioni qui riportata, lo testimonia: "[…] La stratigrafia archeologica lo dice con chiarezza. A mio parere non esisteva neppure l'idea di morte: l'uomo era libero di vivere. Le trasformazioni del mondo naturale, sotto gli occhi di qualsiasi animale (uomo compreso) in ogni attimo dell'esistenza, erano semplicemente le trasformazioni della vita: vita che diventa altra vita. I nostri antenati più remoti avevano una piena consapevolezza dell'energia che è generata dalla vita. Quell'energia è indistruttibile (e lo dice anche la scienza attraverso le leggi della termodinamica). La più remota conoscenza si connette alla visione cosmica dell'universo: perciò le prime divinità sono tutte creature "celesti". Gli dei erano gli astri. La morte è soltanto una delle nostre peggiori fantasie, il nostro stratagemma egotistico per illuderci di avere potere sulla vita (dandola e togliendola). La vita è inarrestabile e il nostro pensiero è così modesto che non possiamo accedere alla verità, se non sensorialmente. Il mondo indo-buddista, alcune religioni animiste e sciamaniche cercano ancora di tramandare questa meravigliosa e antichissima conoscenza, ma come può la voce del vento essere ascoltata se si resta in una discoteca? Bisognerebbe dire all'umanità intera 'vai nel deserto e ascolta'. Forse ricorderebbero…"[10].

Nothingness is the condition we come from and to which we shall return. The slow forward motion of the young protagonists of *The Innocents* (2007) and *Three Women* (2008) is punctuated by a transition from black-and-white to colour the moment they cross a wall of water. Only then do their bodies acquire life-like features: for a moment, they seem to come back to life. In the first diptych, a boy and a girl, after cutting through the liquid wall, look around, raising their gaze; they then turn around and head back to where they have come from. In the second video, the indistinct shadows of three young women bear silent witness to something inexpressible. What have they seen? No explanation is provided for their condition and this uncertainty leads the viewer to wonder about their identity and destiny. Who, then, are "the innocents" and "three women"? Are they people who died before their time? Are they individuals who suffered injustices in their lives? Why is Bill Viola bringing the departed back to life? Perhaps, it is because "the dead have never left us" - as the Senegalese poet Birago Diop writes - but have remained with us in the form of pure energy.

The birth of images, as is widely known, is closely connected to the fear of death. This used to be exorcized by adorning tomb walls, in such a way as to extend the life of the deceased. Yet there is also another hypothesis, the one expressed by the verses of the Senegalese poet, which is also shared by many scholars of ancient religion, archaeologists and mystics: that death was invented by human beings to perpetuate their dominion over the living and exercise control over their communities by instilling the dread of the end. According to this view, prior to the creation of holy scriptures and the practice of inhumation, there was no such thing as death. It is worth quoting here the considerations made by a historian of religion: "Archaeological stratigraphy clearly asserts it. In my view, the idea of death did not even exist: man was free to live. The transformations of the natural world, as apparent to all animals (including human beings) at every moment of existence, were simply seen as transformations of life: one life turning into another. Our most remote ancestors were fully aware of the energy engendered by life. This energy is indestructible (and science itself asserts this through the laws of thermodynamics). This ancient knowledge is tied to a cosmic view of the universe: hence the earliest deities are all 'celestial' creatures. These gods were the stars. Death is simply one of our worst fantasies, a selfish ploy to fool ourselves into believing that we can exercise power over life (by giving or taking it). Life is unstoppable and our thought is so limited that we cannot access the truth, if not through our senses. The Indo-Buddhist world and some animistic and shamanic religions still seek to convey this wonderful ancient knowledge, but how can we listen to the voice of the wind if we stay inside a disco? The whole of humanity should be told to 'go into the desert and listen'. Perhaps then they would remember...."[10]

Una questione metodologica

Nell'arco di quarant'anni sull'opera di Bill Viola è stata prodotta una considerevole letteratura critica che ha formulato in modo autorevole una pluralità di interpretazioni, a dimostrazione che l'essenza stessa della sua poetica si presta a questa pluralità, accrescendone il quoziente di significato e aumentandone l'efficacia e la densità espressive. L'effetto moltiplicatore di senso scaturisce dalla natura stessa del mezzo video che permette di creare un archivio di immagini e di convocarle al momento voluto per farle rinascere a nuovi significati nel contesto di più lavori che non sono mai chiusi in se stessi ma iscritti in un processo di continua rielaborazione.

Se in generale si tende a considerare le opere d'arte come punti fissi nel tempo lungo il percorso di un artista, per Bill Viola non è così: il materiale da lui girato in occasione di un lavoro viene utilizzato in più cicli creativi e in più sistemi di senso, dimostrando in tal modo le proprietà potenzialmente elastiche della realtà e di riflesso anche dell'arte.

Esempio eloquente di quanto appena affermato, sono alcuni dei video installati alla mostra *Reflections*. *The Innocents* e *Three Women* appartengono alla serie delle *Transfigurations* ma provengono da materiali girati in occasione del lungo processo creativo che ha prodotto l'installazione *Ocean Without A Shore*. Il trittico *Poem B (The Guest House)* fa parte di *The Tristan Project*. Nel dittico *Eternal Return* l'immagine inferiore deriva da materiale girato in occasione dell'opera *The Arch of Ascent* (1992) mentre il video proiettato nello schermo superiore è stato girato in occasione del lavoro *The World of Appearances* di otto anni dopo.

Questa qualità che potremmo definire 'transitiva' delle opere di Bill Viola si fonda sulla convinzione che l'arte sia un'occasione di trasformazione per l'essere umano; questo processo trasformativo non è patrimonio esclusivo di una religione o di una fede ma è sempre lì a portata di mano per chiunque voglia sperimentarlo. Unicamente in questo modo, infatti, la realtà si trasforma in quella speciale circostanza dello sguardo che è la visione: non una fluttuante e fantasiosa sfocatura ma un'intensificazione della vista, ciò che permette di intendere il mondo nella sua essenziale verità. Nella religione naturale di Bill Viola tutto è sacro: l'arte, oltre alla poesia, la natura, la scienza. Il conflitto insanabile tra la pretesa di una verità rivelata e la razionalità critico-scientifica propria della modernità è una frattura ricucibile a patto che si scopra la comunione con le vere sacre scritture, il cielo, la terra, l'acqua, il cuore dell'uomo.

Il mondo delle immagini

Viviamo in un'epoca in cui si torna (ha affermato il filosofo Pierre Lévy) a una nuova scrittura del tempo attraverso l'immagine che è stata il primordiale mezzo di trasmissione. Nel sistema comunicativo attuale le immagini hanno sostituito le parole, perché più efficaci, sintetiche, evocative, simboliche. L'immagine corre nelle nostre sinapsi neuronali più veloce del concetto, di questo Bill

A Methodological Question

Over the past forty years, a considerable critical literature on Bill Viola has emerged, offering a range of authoritative interpretations. This bears witness to the fact that the very essence of the artist's poetics is open to multiple perspectives, which add to its meaning and contribute to its expressive effectiveness and density. It is the very use of videos that fosters this proliferation of interpretations, since it enables the creation of an archive of images to be drawn upon at given moments in order to assign new meanings to them in the context of multiple works that, far from being self-enclosed, are part of an ever-developing process.

While artworks are generally regarded as chronologically fixed points of reference in an artist's career, this is not the case with Bill Viola: the footage created for one work will be used again in later creative cycles, according to different systems of meaning, thus illustrating the potentially flexible properties of reality and by extension of art itself.

A revealing example of what has just been said are some of the videos installed for the exhibition 'Reflections'. *The Innocents* and *Three Women* belong to the "Transfigurations" series, but are comprised of footage originally created for the installation *Ocean Without a Shore* (2007). The triptych *Poem B (The Guest House)* is part of *The Tristan Project.* In the diptych *Eternal Return* the lower video consists of footage created for the work *The Arch of Ascent* (1992), whereas the upper video was shot for the work *The World of Appearances* eight years later.

This characteristic of Bill Viola's works, which we might describe as their 'transitive' quality, is founded on his belief that art offers human beings a chance for transformation. This process of transformation is not the exclusive privilege of any one religion or faith, but is rather always open to anyone wishing to experience it. Only in such a way will reality turn into that special expression of sight that is viewing: not a fluctuating and fanciful unfocused gaze, but an intensified way of looking that enables one to perceive the world in its essential truth.

According to Bill Viola's natural religion, all is sacred: art, in addition to poetry, nature, and science. The irreconcilable conflict between the claims of a revealed truth and the critical-scientific rationality of modernity is a fracture that can only be mended by newly entering into communion with the real holy scriptures – sky, earth, water, and the heart of man.

The World of Images

We are living in an age which – as the philosopher Pierre Lévy has argued – is reverting to the description of time via images, the primordial means of transmission. In the present communications system, images have replaced words because they are more effective, succinct, evocative, and symbolic. Images run across our neural synapses faster than concepts: this is something Bill Viola is well aware of, as witnessed by his works. Sensible images feed on energy sources that are less restrained

Viola è cosciente e le sue opere lo testimoniano. L'immagine sensibile si alimenta a fonti di energia meno controllate, più trasgressive e attinge ai dinamismi primari del sogno, delle emozioni, del riso, con un effetto catartico sull'angoscia della morte. Régis Debray osserva che "se la praxis è l'azione dell'uomo sull'uomo, la technè è l'azione dell'uomo sulle cose che si realizza attraverso un'articolazione sonora, una sequenza di gesti e un'iscrizione nel visibile"[11]. Eppure ancora oggi il video e il film d'artista pagano un deficit di riconoscimento presso il pubblico che spesso non riconosce loro lo status di opere d'arte, al pari di un dipinto o di una scultura. Si stenta cioè a dare dignità di pensiero a forme espressive ibridate con altre arce della comunicazione finalizzate al consumo come la pubblicità, la televisione commerciale e i siti internet di intrattenimento. Ma i video di Bill Viola si sottraggono a questo mancato riconoscimento perché il loro aspetto tecnico è al servizio di una rivelazione ontologica che riunifica quello che nel postmediatico è tutt'ora tenuto distinto: la metafisica dell'immagine su un piano e la sua fisicità su un altro. Come se più tecnica nell'immagine equivalesse a un minore riconoscimento, perché per convenzione la tecnica equivale a una sottrazione di status artistico. L'origine di questa supposta incompatibilità ha radici lontane, già Platone cercava di estrarre lo spirito dalla materia e Plotino demonizzava l'aspetto carnale dell'immagine. E anche dopo la nascita dell'estetica come branchia della filosofia, si è tentato di piegare la creazione a dei principi generali astratti e rigorosamente concettuali. Ma più le forme sono separate dai loro supporti, meno rispondono a una logica spirituale interna. Il valore creativo per Bill Viola si esprime pienamente quando, asseriva lo psicanalista Carl Gustav Jung, "l'arte non è solo una pratica estetica ma una branchia del sapere, un'epistemologia nel senso più profondo".

Le videoinstallazioni della mostra *Reflections* allestite al primo piano e nelle scuderie della villa, dialogano non solo con lo spirito del luogo che le ospita, ma anche con la grande tradizione della pittura italiana rinascimentale, alla quale alcune di esse rendono omaggio e con le opere della collezione d'arte contemporanea Panza ospitate in altri spazi della villa. Il pubblico è così testimone di una 'sacra conversazione' che, pur svolgendosi tra opere collocate in luoghi distanti e realizzate con una gamma di forme espressive diverse, crea una comunicazione ideale in nome dell'arte.

[1] M. L. Syring, *The Way to Trascendence - or the Temptation of St Anthony*, in *Bill Viola Unseen Images*, Touring Exhibition, catalogo edito da Marie Luise Syring, 1992/1993, p. 28.

[2] J. Zutter, *Interview with Bill Viola*, in *Bill Viola Unseen Images*, cit., p. 106.

[3] Ib., p. 107.

[4] A. Anedda, *La vita dei dettagli*, Donzelli, Roma 2009, p. 126.

[5] Ib., p. 127.

[6] H. de Riedmatten, *Narcisse en eaux troubles, Francis Bacon Bill Viola Jeff Wall, L'Erma di Bretschneider*, Roma 2011, p. 138, vedi R. Bellour 1985, p. 94.

[7] S. Settis, *Bill Viola: i conti con l'arte*, nel catalogo della mostra *Bill Viola visioni interiori*, a cura di Kira Perov, Giunti editore, Roma 2009, p. 18.

[8] H. de Riedmatten, *Narcisse en eaux troubles*, cit., p. 163.

[9] R. Lauter, *The Passing: Remembering the Present, Or Pain and Beauty of Being*, nel catalogo *Bill Viola Unseen Images*, cit., p. 66.

[10] R. Frascarelli, storica delle religioni, orientalista e iranista. Testo estratto da una mail inviatami nell'ottobre 2010.

[11] R. Debray, *Vie et mort de l'image*, Gallimard, Paris 1992, p. 149.

and more transgressive; they draw upon the primary dynamics of dreams, emotions and laughter, exercising a cathartic effect upon the dread of death. Régis Debray notes that "while *praxis* is the action of man on man, *techne* is the action of man on things, achieved through the articulation of sound, a sequence of gestures and their setting within what is visible."[11] Yet, art videos and films continue to receive insufficient acknowledgement from the public, which often fails to accept their status as artworks on a par with paintings and sculptures. In other words, the public is reluctant to assign intellectual dignity to forms of expression that mix with communication areas geared towards consumerism, such as advertising, commercial television and entertainment websites. Bill Viola's videos, however, remain unaffected by this lack of acknowledgement, since their technical aspect serves to convey an ontological revelation which brings together what is kept distinct in post-media contexts: the metaphysics of images and their physicality. The greater the use of technology applied to images, it seems, the smaller the acknowledgement received, since technology conventionally coincides with a loss of artistic status. This alleged incompatibility has distant roots: already Plato had sought to remove the spirit from matter, while Plotinus had demonized the fleshy aspect of images. Even after the birth of aesthetics as a branch of philosophy, an attempt was made to subject creativeness to abstract and rigorously conceptual general principles. Yet the more forms are separated from their supports, the less they reflect an inner spiritual logic. According to Bill Viola, creativeness finds full expression when - to quote the psychoanalyst Carl Gustav Jung - "art is not just an aesthetic practice, but a branch of knowledge, an epistemology in the deepest sense of the term."

The video installations mounted on the first floor of the Villa and in its stables for the exhibition 'Reflections' engage not just with the spirit of the place housing them but also with the grand tradition of Italian Renaissance painting - which some of the videos pay homage to - and with the works of the Panza contemporary art collection on display in other areas of the Villa. What the public finds, therefore, is a 'sacred conversation' that while concerning works situated in distant places and based on a range of different forms of expression, creates an ideal exchange in the name of art.

[1] M.L. Syring, 'The Way to Transcendence - or the Temptation of St Anthony', in *Bill Viola Unseen Images*, Touring Exhibition, exhib. cat. ed. by Marie Luise Syring, 1992/1993, p. 28.

[2] J. Zutter, 'Interview with Bill Viola', in *Bill Viola Unseen Images*, *cit.*, p. 106.

[3] Ib. p. 107.

[4] Anedda, *La vita dei dettagli*, Rome, Donzelli, 2009, p. 126.

[5] *Ibid.*, p. 127.

[6] H. de Riedmatten, *Narcisse en eaux troubles. Francis Bacon Bill Viola Jeff Wall*, Rome, L'Erma di Bretschneider, 2011, p. 138. See too R. Bellour, 1985, p. 94.

[7] S. Settis, 'Bill Viola: i conti con l'arte', in *Bill Viola visioni interiori*, exhib. cat. ed. by Kira Perov, Rome, Giunti editore, 2009, pag. 18.

[8] H. de Riedmatten, *Narcisse en eaux troubles, cit.*, p. 163.

[9] R. Lauter, 'The Passing: Remembering the Present, Or Pain and Beauty of Being', in *Bill Viola Unseen Images*, exhib. cat., *cit.*, p. 66.

[10] R. Frascarelli, historian of religion, orientalist and Iranianist. Text drawn from an email I was sent in October 2010.

[11] R. Debray, *Vie et mort de l'image*, Paris, Gallimard, 1992, p. 149.

BILL VIOLA: I CONTI CON L'ARTE*

Salvatore Settis

Tradizione e invenzione: Andy Warhol, Emil Nolde
Si fanno male i conti con l'arte quando ci sono in ballo nuovi mezzi espressivi, e in particolare nuove tecnologie. La tradizione critica e storica di un *discorso sull'arte*, che nelle culture di radice europea si apre coi Greci e giunge fino a noi, innesta ogni interpretazione, ogni valutazione, persino il linguaggio spicciolo della descrizione e del giudizio di qualità, sul confronto, implicito o esplicito, con la sequenza storica delle esperienze artistiche e con l'orizzonte delle attese (dell'artista e del suo pubblico), che proprio da quella sequenza storica è determinato. Insomma, i conti con l'arte siamo abituati a farli con la *storia dell'arte*, comparando il simile al simile, all'interno di una sostanziale continuità che l'improvvisa introduzione di nuove forme artistiche può interrompere.

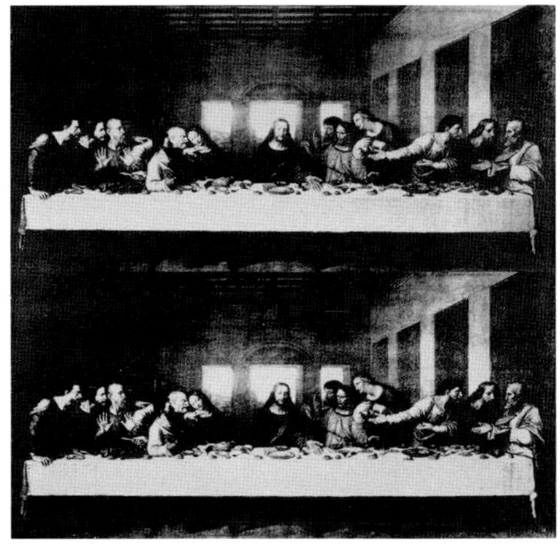

Per esempio: se l'*Ultima Cena* di Leonardo segna fino a oggi il punto di svolta nella rappresentazione del gran tema evangelico, è per la straordinaria rielaborazione creativa a cui quel maestro sottomise l'intera tradizione rappresentativa di una scena-chiave dei Vangeli; ma anche per il valore iconico che il *Cenacolo* finì con l'assumere, e per le infinite citazioni, rielaborazioni, rimeditazioni su di esso a opera di letterati, storici e artisti delle generazioni successive. Le *Ultime Ultime Cene* di Andy Warhol (1986), sia nelle grandi serigrafie basate su una riproduzione ottocentesca in bianco e nero, sia nei molti disegni sommari e "infantili", in acrilico, elaborati su proiezioni dell'immagine a mezzo di epidiascopio, illustrano bene quest'ultimo punto (fig. 1). I filtri, i passaggi, le fasi intermedie che si interpongono tra l'immagine, sempre più evanescente, dell'originale e quella prodotta da Warhol incarnano e consolidano la linea tradizionale. Non hanno nulla di scontato né di automatico, e proprio per questo rimandano con forza alla pregnanza iconica della scena fissata per sempre da Leonardo, più che sulla parete di un convento milanese, nella nostra memoria collettiva.

In altri casi, il riferimento alla tradizione non è altrettanto diretto, anzi a volte è espressamente negato dall'artista stesso, ma non per questo è meno evidente. È questo il caso di un'altra *Ultima Cena*, dovuta a Emil Nolde (fig. 2). Dipinta nel 1909 in una fase di intenso interesse del pittore per l'arte cristiana, la tela fu comprata nel 1912 dal museo di Halle nonostante il pa-

BILL VIOLA: GETTING TO GRIPS WITH ART*

Salvatore Settis

Tradition and Invention: Andy Warhol, Emil Nolde
It is no easy matter to grapple with art, when new means of expression, particularly new technologies, are involved. The critical and historical tradition of the *discourse on art* in cultures with European roots, which started with the Greeks and is still very much alive, grafts every interpretation, every evaluation and even the plain language of description and judgment onto an implicit or explicit comparison with the historical sequence of artistic experiences and the expectations of the artist and his or her public, who derive those expectations precisely from that

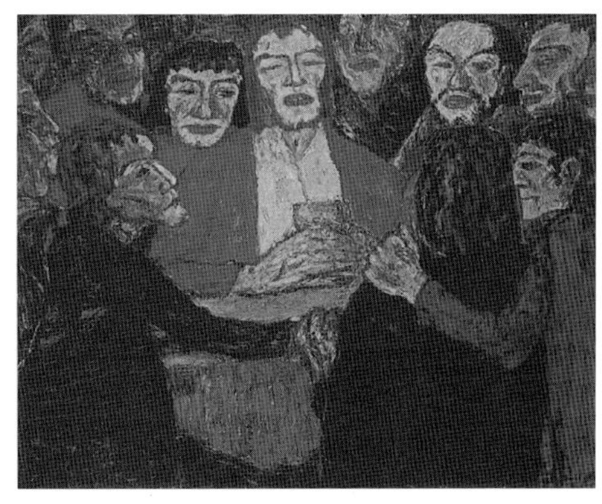

historical sequence. In other words, we are in the habit of assessing art through the *history of art*, but comparing like with like within a context of substantial continuity can be disrupted by the introduction of new artistic forms.

For example, Leonardo da Vinci's *Last Supper* has marked a turning point in the depiction of this great biblical theme, not only because of that master's extraordinarily creative reinvention of the entire representational tradition of a key scene from the New Testament, but also because of the iconic status the painting has achieved, the continual references to it, and the many ways in which it has been reworked and reinterpreted by writers, historians and artists of successive generations. This is clearly demonstrated by Andy Warhol's *Last Suppers* (1986), which consists of the seminal silk-screen prints based on a nineteenth-century black and white reproduction and the many "childlike" sketches in acrylic produced from the projection of the image using an epidiascope (fig. 1). The tradition is embodied by the filters, transitions and intermediate phases between the increasingly elusive image of the original and the one produced by Warhol. There is nothing trite or predictable about them, and therefore they powerfully emphasize the iconic potential of the scene imprinted not so much on the wall of a Milanese convent as in our collective memory.

On other occasions, the reference to tradition is not so direct, and is indeed expressly denied by the artist, but is not for this any the less evident. Emil Nolde's *Last Supper* is such a case (fig. 2). The painting on canvas, which was produced in 1909 during a period in which the painter was intensely interested in Christian art, was acquired by the Halle Museum in 1912 in spite of opposition from Wilhelm von Bode, and then "purged" by the Nazis at the time of the famous exhibition of degenerate art (*Entartete Kunst*, 1937), only to end up in the Statens Museum for Kunst in Copenhagen. The figures of the Apostles, six on each side, crowd around the

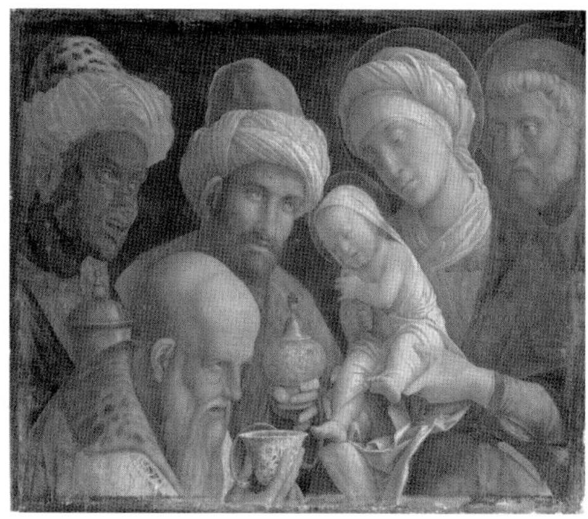

rere contrario di Wilhelm von Bode, poi "epurata" dai nazisti al momento della famosa mostra sull'arte degenerata (*Entartete Kunst*, 1937), per approdare infine allo Statens Museum for Kunst di Copenhagen. Le figure degli Apostoli, sei per parte, si affollano intorno all'immagine centrale del Cristo col calice fra le mani, in una composizione impressionante non solo per l'addensarsi delle figure, ma per la loro intensa, quasi brutale espressività. Questo il commento dello stesso Nolde sul suo quadro, nella sua seconda autobiografia (1934):

"Con sottili tratti a matita disegnai su una tela, con un tratto duro e appuntito, tredici uomini: il Salvatore e i suoi dodici apostoli, seduti intorno a un tavolo nella tiepida notte primaverile, la notte prima della grande Passione del Cristo. Erano le ore in cui il Cristo rivelava agli amati discepoli il suo grandioso disegno di salvezza. Pronunciava le parole più intense e profonde, ancor oggi ripetute nella celebrazione dei sacramenti. [...] Avevo seguito un impulso irresistibile a rappresentare profonda spiritualità, religione, interiorità, senza quasi nemmeno volerlo né saperlo, senza nessuna riflessione. [...] Davanti al mio abbozzo, lo guardai quasi spaventato: ora, senza avere alcun modello della natura, dovevo dipingere l'evento più misterioso, più intimo della religione cristiana! [...] Dipinsi e dipinsi, senza neppur sapere se fosse notte o giorno, se io fossi un uomo o un pittore. Vidi il quadro davanti a me al momento di andare a dormire, lo vidi lungo la notte, lo vidi al mio risveglio. Dipingevo in uno stato di felicità. Finalmente era finito. Era l'*Ultima Cena*".

Nolde pretende dunque di aver dipinto l'opera di getto, mosso da un'ispirazione quasi mistica, senza modelli, senza precedenti, senza riflessione. In realtà, ci vuol poco a riconoscere in questa affollata forma di composizione "a mezze figure" l'eco di una lunga tradizione propria dell'iconografia religiosa fra Quattro e Cinquecento, specialmente in Germania e in Italia: così ad esempio il *Gesù fra i dottori* Thyssen (già Barberini), che Albrecht Dürer dipinse a Venezia nel 1506 (fig. 4), o l'*Adorazione dei Magi* di Andrea Mantegna al Getty Museum, che è di qualche anno prima (fig. 3). I quadri a mezze figure furono introdotti nella pittura devozionale quattrocentesca con una funzione specifica: mediante la rappresentazione per piani ravvicinati (*dramatic close-up* secondo la definizione di Sixten Ringbom), l'osservatore è "chiamato" dentro lo spazio di azione del quadro. Condivide la scena sacra, e viene al tempo stesso invitato a

central image of Christ holding a chalice in his hands. The composition is striking because of not only the closeness of the figures but also their intense, almost brutal expressiveness. This was Nolde's own comment on his picture in his second autobiography (1934):

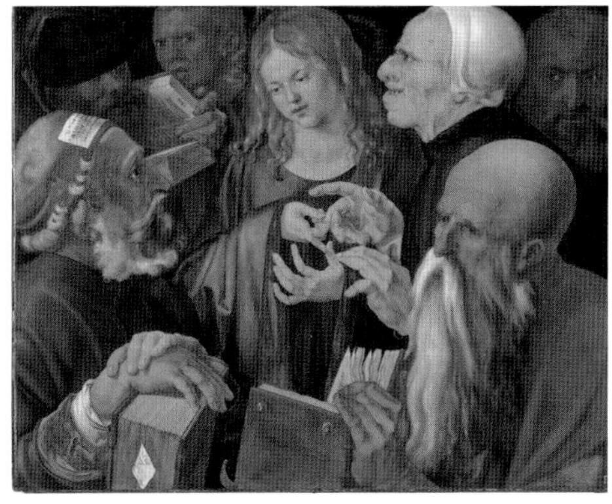

> Thirteen men came from fine lines in pencil on canvas with harsh and pointed strokes: the Saviour and his twelve apostles seated round a table during a warm spring night before the great Passion of Christ. This was the moment in which Christ revealed his magnificent plan of salvation to his beloved disciples. He uttered his most impassioned and profound words, which are still repeated during the sacraments. ... I had followed my overwhelming compulsion to depict profound spirituality, religion and inner life, almost without wanting to or being aware of it, and without any deliberation. ... I was almost frightened when I looked on my sketch: now, without any model from nature, I had to paint the most mysterious and intimate event in the Christian religion! ... I painted and painted, without even knowing whether it was night or day, or whether I was a man or a painter. I saw the painting in front of me when I went to bed, I saw it during the night and I saw it when I awoke. I was painting in a state of happiness. At last it was finished. It was the *Last Supper*.

Nolde therefore claimed that he had produced this painting in the grip of an unceasing, compulsive and almost mystical inspiration without models, without precedents, without any thought processes. The reality is, however, that we immediately encounter in this crowded composition of figures cropped at the waist or "half-length figures" an echo of the long tradition of religious iconography in the fifteenth and sixteenth centuries, particularly in Germany and Italy, such as *Jesus among the Doctors* (Thyssen-Bornemisza Museum, Madrid, formerly owned by the Barberini family in Rome) which Albrecht Dürer painted in Venice in 1506 (fig. 4) or Andrea Mantegna's *Adoration of the Magi* (Getty Museum, Los Angeles) which was painted a few years earlier (fig. 3). Paintings with half-length figures first appeared in fifteenth-century devotional art to fulfil a very specific function: the "dramatic" close-up, as Sixten Ringbom has defined it, "calls on" viewers to enter the space in which the action takes place, and take part in the sacred scene. They are also invited mentally "to complete" the figures who have only been partially depicted and to imagine movements and body language in which those figures

"completare" mentalmente le figure rappresentate solo a metà e a immaginarsene gestualità e movimenti. Secondo la strategia percettiva prevista, anzi orchestrata dal pittore, l'effetto di straniamento che consegue alla rappresentazione a mezze figure (eminentemente anti-natu-ralistica), si traduce in un più alto grado di coinvolgimento dell'osservatore, ne impegna più profondamente e più stabilmente i meccanismi percettivi e cognitivi, ne mobilita più corposa-mente la reazione emotiva. L'*Ultima Cena* di Emil Nolde, come gli altri dipinti a tema biblico in cui egli adottò il formato a mezze figure, implicano il riferimento a questa tradizione, mirano a effetti simili (anche se non necessariamente devozionali), incarnano e proseguono una spe-cifica linea tradizionale, che questa fosse la sua intenzione o no. Del resto, il *topos* dell'artista "senza maestri", che si ispira direttamente alla natura e alla "moltitudine degli uomini", è as-sai antico, risale almeno a Lisippo (IV secolo a. C.: Plinio, *Storia Naturale*, XXXIV.61).
Il movimento artistico a cui Nolde appartenne (Die Brücke) ebbe al centro della propria esteti-ca espressionistica il riferimento alla storia dell'arte tedesca, dal tardo gotico a Cranach, Hol-bein e Dürer: perciò il suo riagganciarsi alle composizioni e al formato a mezze figure non sor-prende affatto. Ma è ancor più interessante se egli, commentando anni dopo il proprio quadro, era veramente convinto di aver inventato senza modelli e senza maestri quella modalità com-positiva e rappresentativa. In tal caso, la memoria inconsapevole della tradizione artistica ha agito in lui in modo ancor più forte, ancor più penetrante. Un "irresistibile impulso", appunto.

Reinventarsi le regole: Bill Viola
Sappiamo sempre meglio che il percorso della storia dell'arte in genere, e di quella occidentale in particolare, non è affatto lineare, anzi è percorso da linee di frattura, conosce "salti", lacune, strade intraprese e poi interrotte; e che spesso le svolte più brusche sono collegate all'introdu-zione, o al mutamento di status, di nuove tecniche artistiche (per esempio la scultura in bronzo) o di nuovi "generi" (per esempio il paesaggio o il ritratto). Ma nulla somiglia a un mutamento ra-dicale, a un "nuovo inizio", quanto la recente fortuna della videoarte. Essa presuppone inven-zioni e tecniche che si sono succedute in rapida sequenza nelle ultime generazioni: la fotogra-fia, il cinema, la televisione. Ognuna di queste fasi o "passaggi intermedi", tutti necessari a spie-gare la nascita della videoarte, sembra allontanarla da ogni possibile matrice o tradizione pit-torica. La videoarte, ecco quel che appare, ha elaborato *ex nihilo* regole e caratteristiche sue pro-prie, e rispetto alla millenaria tradizione del dipingere su supporto fisso o mobile (la cattedrale o la tela) ha istituito uno spazio interamente nuovo per il gesto creativo dell'artista e, simmetri-camente, per le strategie percettive dell'osservatore. Concluderemo che la videoarte nasce "dal nulla" su una sorta di *tabula rasa*? Che essa ha rigenerato l'espressione artistica secondo per-corsi e norme che segnano un taglio netto col passato, un "nuovo inizio"? Non è così.

engage outside the frame. The defamiliarisation that results from the painter's intended or indeed orchestrated perceptive strategy based on the depiction of eminently anti-naturalistic half-length figures leads to a higher level of involvement on the part of the viewer, engages more fully and more firmly the perceptive and cognitive mechanisms, and deploys more substantially the emotional reaction. Emil Nolde's *Last Supper*, like his other paintings on biblical themes using the format of half-length figures, implies a reference to this tradition, aims at similar effects (even if not always devotional), and embodies and continues that tradition, whether or not this was that artist's intention. After all, the *topos* of the artist "without masters", who is directly inspired by nature and the "multitude of men", is a very ancient one, and goes back at least as far as Lysippus (fourth century BC : see Pliny, *Natural History*, XXXIV, 61). The artistic movement to which Nolde belonged (*Die Brücke*) developed an expressionistic aesthetic which was in part inspired by the period in the history of German art that ran from the late Gothic to Cranach, Holbein and Dürer: hence its recourse to compositions and formats with half-length figures should come as no surprise. However, it is more interesting that when he commented on his own painting years later, Nolde was genuinely convinced that he had invented those compositional and representative models without masters or models. In this case, the unconscious memory of an artistic tradition must have acted within him even more powerfully and more penetratingly. This was indeed an "overwhelming compulsion".

Reinventing the Rules: Bill Viola
We are increasingly aware that the course of the history of art, particularly Western art, is not at all linear; indeed it is made up of fractured lines, "leaps", lacunae and cul-de-sacs. Very often the most sudden turning-points have occurred with the introduction or change in status of new artistic techniques (for example bronze sculpture) or new "genres" (for example landscape painting or portraiture). But nothing matches the radical change and "new beginning" of the recent and successful phenomenon we call video art. This presupposes inventions and techniques that have come rapidly one after the other in recent generations: photography, cinema, television. Each of these phases or "intermediate transitions" – all necessary to the advent of video art – appear to take it further and further away from any possible connection with the tradition of painting. By all appearances, video art has developed its own rules and characteristics without any reference to the past, and has produced a space for the artist's creative act and the viewer's symmetric perceptive strategies, which is entirely divorced from the tradition of painting that stretches back over millennia – painting on both fixed and moveable support (canvas or cathedral wall). But can we really argue that video art comes "out of nothing" and is inscribed on some kind of *tabula rasa*? Is it the case that it has regenerated artistic expression

Quello che è forse il più importante, il più immaginativo videoartista oggi attivo, Bill Viola, è - io credo – a ogni effetto un "pittore"; ha fatto e fa i conti con l'arte (con la tradizione), e nelle sue opere intavola con l'osservatore un dialogo che presuppone il riferimento a formati, temi, forme compositive, gestualità, movimenti e artifici espressivi o narrativi che hanno radici salde e remote nella storia pittorica che lo ha (che ci ha) preceduto. È bene ricordarsene, ora che in Italia (luogo d'origine della sua famiglia) abbiamo l'occasione di una grande mostra di Bill Viola, che del resto già nella sua fase formativa lavorò in contatto con quello straordinario incubatore di videoarte che fu negli anni settanta il fiorentino art/tapes/22. È bene domandarsi, in questa occasione preziosa, se la traccia profonda che le opere di Bill Viola lasciano nella mente e nelle emozioni degli osservatori non debba qualcosa a quel suo ricomporre e rilanciare, da maestro che ha assimilato la lezione di altri maestri, dati e "nodi" della tradizione artistica che fanno parte, a livello ora più ora meno consapevole, del suo paesaggio mentale, della sua intenzione d'artista. Proverò a farlo con quattro approcci complementari: problemi di formato, scelte tematiche, rappresentazione del movimento; infine, proprio come nell'esempio appena citato di Emil Nolde, *close-up* e presentazione "a mezze figure".

Formato
Catherine's Room (2001) è un'installazione video formata da cinque piccoli schermi piatti, tutti delle stesse dimensioni, disposti in sequenza orizzontale ad altezza d'uomo e separati l'uno dall'altro da un esile spazio nero. Tutti rappresentano lo stesso interno, una stanza con soffitto a travicelli e una piccola finestra rettangolare su un lato, che a seconda delle variabili condizioni di luce lascia scorgere or più or meno il ramo di un albero. Cambia tuttavia, da un pannello all'altro, non solo la luce ma anche l'arredo della stanza; cambiano soprattutto le azioni che l'unico personaggio (Catherine, appunto) vi svolge. Catherine si lava la faccia, fa esercizi di yoga, cuce, studia, accende candele su una sorta di altare, legge, dorme nel suo letto. Pur essendo stata definita in più d'una mostra *Color video polyptych on five LCD flat panels mounted on wall*, quest'opera di Bill Viola non ha nulla del polittico, che ha formato verticale e non orizzontale, natura iconica e non narrativa. Il formato (o il "genere") a cui essa appartiene è un altro: la predella. La predella è nella tradizione della pittura religiosa (specialmente italiana) una fascia dipinta divisa in più riquadri, solitamente tutti delle stesse dimensioni (ma a volte il riquadro centrale è più ampio degli altri), che veniva posta ai piedi di pale d'altare (anche di polittici), con una funzione di completamento e di corredo squisitamente *narrativo*. Per esempio, se nella pala c'è una *Sacra Conversazione* con la Madonna e il Bambino al centro, e ai lati quattro santi, la relativa predel-

through routes and rules that constitute a clean break with the past – through a "new beginning"? It appears not.

Bill Viola, who is perhaps the most important and imaginative video artist of our day, is – I believe – a "painter" in every sense of the word; he has always acknowledged the need to relate to
art (and its tradition), and in his works he initiates a dialogue with the viewer that presupposes a connection with the formats, themes, compositional forms, body language, movements
and expressive or narrative devices that have remote but solid roots in the history of painting
that is his and our past. It is important to remember this now that Italy (from where his family originated) is going to host a large exhibition devoted to Bill Viola, who during the formative
stage of his professional career worked closely with art/tapes/22, the Florentine gallery and extraordinary hotbed of video art in the seventies. Given this long overdue event, it is perhaps
time to ask whether the profound effect of Bill Viola's work on the viewer's mind and emotions
is not in some way the result of his rearranging and reviving, in the manner of a master who
has assimilated the lessons of other masters, the knowledge and essential themes of the artistic tradition that are now more or less consciously part of his mental landscape and artistic in-
tent. I will attempt to answer this question using four complementary approaches: questions
of format, thematic choices, representation of movement; lastly and specifically in relation the
example of Emil Nolde, the close- up and the presentation of "half-length figures".

Format

Catherine's Room (2001) is a video installation made up of five small flat screens, all of the same
size and arranged in a horizontal sequence at eye level. They are separated from each other by a
narrow black space. They all display the same interior, a room with beams on the ceiling and a
small rectangular window on one side, which looks out onto the branch of a tree whose visibili-
ty varies with the changing conditions of the light. Not only does the light change from one room
to another, but also the furnishings; above all, the screens differ in the actions carried out by the
only character (the eponymous Catherine). Catherine washes her face, does her yoga exercises,
sews, studies, lights candles on a kind of altar, reads and sleeps in her bed. Even though it has
been defined as *Color video polyptych on five LCD flat panels mounted on wall* in more than one
exhibition, this work of Bill Viola's has nothing in common with a polyptych, which has a verti-
cal not horizontal format, and is by nature iconic and not narrative. *Catherine's Room* belongs
to another format (or "genre"): the predella. In the tradition of religious painting (particularly in
Italy), the predella is a painted frieze divided into two or more panels, usually all of the same size
(although the central panel is occasionally larger than the others), and was placed at the foot of
an altarpiece (which might have been a polyptych). Its function was complementary and essen-

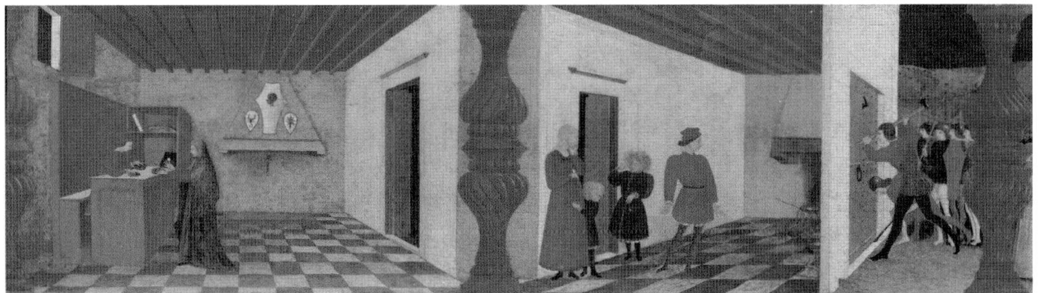

la conterrà, tipicamente, una scena dalla vita di ciascuno dei santi rappresentati, e al centro, per esempio, una *Natività*.

La predella è dunque per sua natura strettamente legata alla pala soprastante, ne è come un esergo o commento narrativo, che appunto per il suo carattere marginale consentiva agli artisti un maggior spazio di libertà rappresentativa. In molti casi, la predella è ancor più indipendente dalla relativa pala, o perché se ne è staccata nel tempo (la predella della *Deposizione* di Raffaello alla Galleria Borghese è nei Musei Vaticani), o perché è stata realizzata da un pittore diverso: è questo il caso della famosa predella del *Miracolo dell'ostia profanata* a Urbino (fig. 5), che Paolo Uccello realizzò verso il 1465 per una pala sul sacramento dell'eucarestia, che però fu commissionata qualche anno dopo a un altro pittore (Giusto di Gand). In questo come in molti altri casi in cui la predella ha una collocazione museale, o comunque una storia e una fortuna slegata dalla pala relativa, la sequenza narrativa che essa presenta (sei scene nella predella di Urbino) acquista forza e autonomia: il formato della predella, nato per accompagnare e commentare la pala d'altare, viene in tal modo promosso a luogo privilegiato di una narrazione sequenziale a sé, organizzata per scene successive e collegate fra loro.

La predella come formato, come modalità narrativa; anzi, la predella staccata dalla pala e divenuta oggetto di contemplazione indipendente, nello spazio del museo: è questo il necessario presupposto della predella di Bill Viola con *La stanza di Catherine*. Scene di vita quotidiana di una donna di cui conosciamo appena il nome si snodano sotto i nostri occhi, nel suo muoversi lento sulla scena, nel modificarsi della luce e degli arredi, nello scorrere pacato ma inesorabile del tempo, nel suo articolarsi in ritmi di giorno in giorno sempre uguali. In questo caso si sa quale è, in particolare, il riferimento che Bill Viola aveva in mente creando *Catherine's Room*: la predella con cinque scene dalla *Vita di Santa Caterina da Siena* di Andrea di Bartolo (ca. 1393-1394) (fig. 6). In quattro di queste scene, riconosciamo non solo

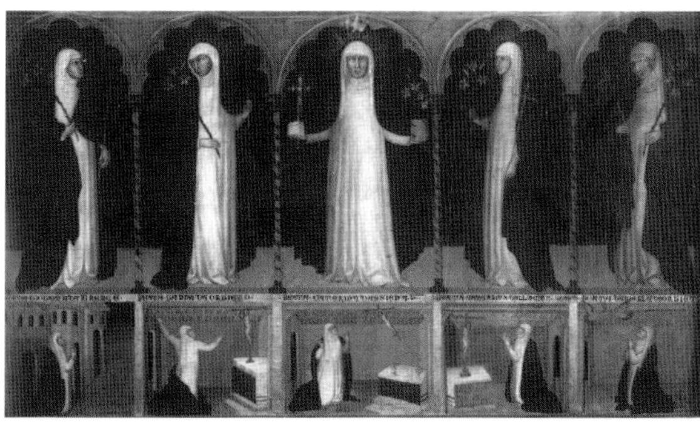

6. Andrea di Bartolo, *Santa Caterina da Siena con quattro suore domenicane dell'ordine terziario* / *St Catherine of Siena with Four Sisters of the Third Order of St Dominic*, 1393-1394 circa, tempera su tavola con predella / tempera on panel with predella, Murano (Venezia), Museo Vetrario

tially *narrative*. For example, if there were an altarpiece depicting a *Holy Conversation* in which the Madonna and the Child Jesus take up the central position with four saints on the sides, then the related predella would typically portray a scene from the life of each of the saints depicted in the altarpiece, with perhaps a *Nativity* in the centre.

Thus the predella is, by its very nature, closely linked to the altarpiece above, in the manner of an exergue or narrative comment, and this marginality gave artists greater compositional freedom. In many cases, the predella is more dissociated from the altarpiece, either because it has been actually separated from it for a long time (the predella for Raphael's *Deposition* in the Borghese Gallery is in the Vatican Museum) or because it was painted by a different artist. The famous predella of the *Miracle of the Desecrated Host* in Urbino (fig. 5) was produced by Paolo Uccello around 1465 for an altarpiece, *The Institution of the Eucharist*, the commission for which was awarded a few years later to another painter (Justus of Ghent). In such cases, when the predella is placed in a museum or in any event has a history disconnected from that of the related altarpiece, the narrative sequence that it presents (six scenes in the Urbino predella) acquires greater force and autonomy: thus the predella's format, which was created to accompany and comment upon the altarpiece, is promoted to the privileged position of a narrative sequence in its own right – a series of purely interconnected scenes.

The predella as format and narrative model, or rather the predella detached from the altarpiece and now object of independent contemplation within a museum space is the necessary precondition for Bill Viola's predella *Catherine's Room*. Scenes of everyday life involving a woman, whose name we barely know, unfold before our eyes as she slowly moves around the room while the light and the furnishings change, and time moves on serenely but inexorably as it measures out the identical rhythms of one day after another. In this case we know which particular reference Bill Viola had in mind when he created *Catherine's Room*: it was Andrea di Bartolo's predella with five scenes from the *Life of Saint Catherine of Siena* (c. 1393-4) (fig. 6). In four of these scenes, we can recognise not only the room used for Viola's Catherine (it has a ceiling with beams), but also the intense, solitary presence of the protagonist: the saint who prays, talks with the Crucifix, receives the stigmata and is visited by angels. This intense relationship with the divine permeates the narration, explains the portrayal and provides the saint's soli-

l'impianto della stanza che sarà della Catherine di Viola (col soffitto a travicelli), ma anche l'intensa, solitaria presenza della protagonista, la santa che prega, dialoga col crocifisso, riceve le stimmate e la visita degli angeli. Questo intenso rapporto col divino impregna di sé la narrazione, giustifica la rappresentazione, dà alla solitudine della santa un significato e uno spessore che doveva indurre il devoto spettatore a identificarsi con quel visibile esempio di pietà.

Nell'installazione di Bill Viola, Catherine non è la santa di quel nome, questa predella non accompagna né presuppone un'icona di culto: ma il racconto delle azioni di una donna, colta nell'intimità di una vita solitaria, comporta un certo grado di sacralizzazione del quotidiano, come suggerisce il riferimento implicito ma forte al formato della predella e alla tradizione religiosa e narrativa che esso implica. La fluida gestualità della protagonista viene così trasposta su un piano quasi rituale, e perciò attrae la nostra attenzione sulla sua individualità. L'*io* di Catherine viene espressivamente additato attraverso il linguaggio del suo corpo, presenza solitaria entro uno spazio costruito come una scena teatrale: sempre uguale, sempre diverso a seconda di come è arredato. Sola con se stessa come lo è ognuno di noi osservatori, Catherine proprio per questo merita il nostro sguardo. La sua solitudine ci somiglia, la sua stanza è la nostra.

Analoghi problemi di formato, con riferimento alla tradizione della pittura religiosa e non solo, si possono evocare per altre opere di Bill Viola. Che il trittico, ad esempio, sia una forma tipica dell'arte religiosa di tutta Europa dal Medioevo in poi, non c'è bisogno di mostrare: più importa ricordare come questa forma rappresentativa sia stata ripresa nell'arte del Novecento, dal *Trittico della guerra* di Otto Dix a Dresda, 1929-1932 (fig. 7), il cui pannello centrale ha anche una predella, al *Trittico di Prometeo* di Oskar Kokoschka (1950), al *Trittico* di Francis Bacon (1976). Per questi e molti altri artisti novecenteschi, come poi per Bill Viola, il formato del trittico ha lo straordinario vantaggio di offrire una cornice prestabilita, anzi radicata nella memoria collettiva, che consente di proporre allo sguardo la presenza simultanea di tre immagini, indipendenti l'una dall'altra ma legate fra loro da molteplici rinvii tematici, compositivi, percettivi, emotivi. La "regola" compositiva fondamentale del trittico (il pannello centrale dev'essere più largo dei due laterali) è rispettata nel primo trittico di Bill Viola, *The City of Man* (1989), dove le cornici di legno annunciano e sottolineano la relazione con la tradizione del trittico d'altare. Nel *Nantes Triptych* (1992), questo rapporto gerarchico si dissolve, i tre pannelli sono di dimensioni uguali, ma resta, ed è anzi accentuato, il rapporto fra il "centro" del trittico (un uomo che fluttua lentamente immerso nell'acqua) e le due "ali" (una nascita e una morte, o meglio la Vita e la Morte), con una forte dimensione autobiografica che proietta l'esperienza dell'artista sul

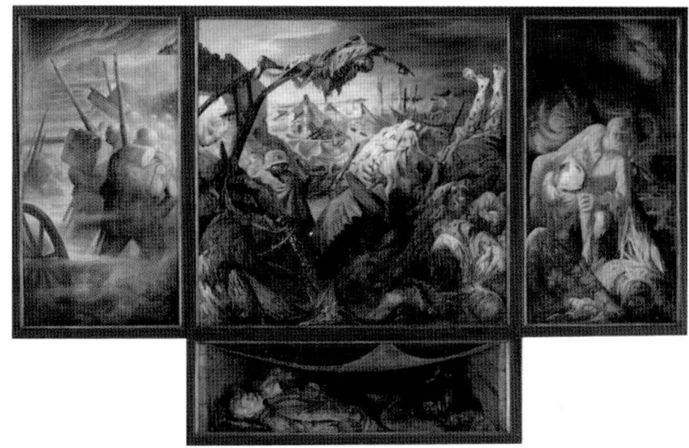

tude with a significance and an intricacy that were supposed to induce the devout viewer to identify with that evident example of piety.

In Bill Viola's installation, Catherine is not the saint of the same name, and this predella does not accompany a religious icon. However, the story of a woman's actions, shown in the intimacy of a solitary life, intimates a degree of sacralisation of the everyday, and this is supported by the implied reference to the predella as a format and a religious and narrative tradition. The protagonist's fluid movements are thus shifted to an almost ritual plane, which attracts our attention to their individuality. Catherine's self is explicitly inferred by her body language and her solitary presence within a space constructed like a theatrical scene, which changes in the way it is furnished. She deserves our attention precisely because she is alone with herself just like us, the viewers. Her solitude resembles our own, and her room becomes ours.

Other works by Bill Viola also raise questions of format with reference to religious and other painting traditions. It goes without saying that the triptych was a typical form of religious art for the whole of Europe from the Middle Ages; it is more significant to remind ourselves that this representational form was revived in the twentieth century, as in the case of Otto Dix's *War Triptych* in Dresden, 1929-32 (fig. 7), whose central panel also has a predella, Oskar Kokoschka's *Prometheus Triptych* (1950), or Francis Bacon's *Triptych* (1976). The format of the triptych had the extraordinary advantage of providing a pre-established framework for these and many other artists, as it would eventually also do for Bill Viola; indeed, it is rooted in our collective memory, making it so much easier to put before the viewer three different images which are both independent of each other and also linked together by multiple thematic, compositional, perceptive and emotional references. The fundamental compositional "rule" of the triptych (the central panel must be wider than the two side panels) is observed in Bill Viola's first triptych, *The City of Man* (1989), and the wooden frames proclaim and emphasise the work's relationship with the tradition of the altar triptych. In the *Nantes Triptych* (1992), this hierarchical relationship is removed, and the three panels are of the same dimensions, but the relationship between the "centre" of the triptych (a man slowly drifting fully immersed in water) and the two "wings" (one a birth and the other a death, or rather Life and Death) remains

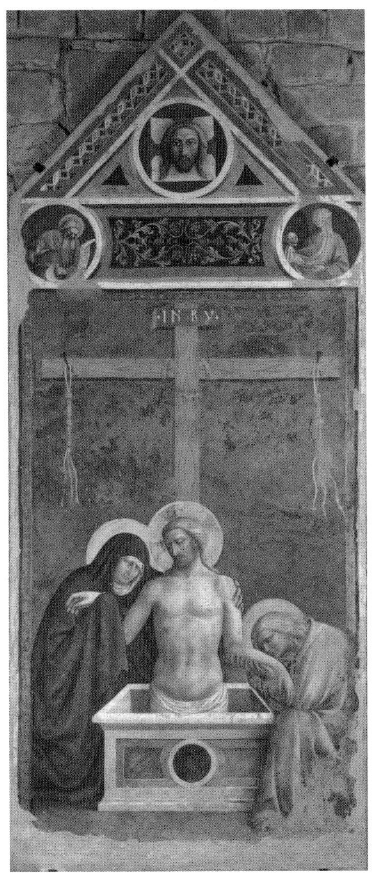

8. Masolino da Panicale, *Pietà*, 1424
affresco / fresco, Empoli (Firenze / Florence),
Museo Diocesano

più vasto palcoscenico del mondo. È da questi trittici, infatti, che nasce e si sviluppa quel vero e proprio "affresco ciclico digitale", espressamente riconnesso ai cicli di affreschi del Rinascimento italiano, che è *Going Forth by Day* (2002), dove non vi sono schermi né "quadri" video, ma le pareti stesse coincidono con lo spazio della proiezione video. Dalla predella al trittico alla stanza "affrescata", Bill Viola non teme di misurarsi con lo spessore della tradizione adottandone modi e formati.

Temi

Modalità e formato della narrazione o della rappresentazione si intrecciano, nell'opera di Bill Viola, con più o meno esplicite scelte tematiche. Coraggiosamente, in *Emergence* (2002) egli rimaneggia uno dei grandi temi dell'arte cristiana, il Cristo al Sepolcro, riproponendone gli elementi a partire da un affresco di Masolino a Empoli (fig. 8), ma capovolgendone la valenza narrativa. Nella tradizione della pittura devota, l'esibizione del corpo di Gesù morto, sostenuto ora da uno o più angeli, ora (come fa Masolino) dalla Madonna e da San Giovanni, viola le leggi della gravità e della natura, perché il corpo del defunto, dotato di una leggerezza davvero divina, sembra stare in piedi senza che le figure che lo accompagnano debbano fare il minimo sforzo. In tal modo, questa scena che nessun Vangelo descrive, e che venne formandosi nelle pratiche della preghiera e della pietà, assume un doppio significato: è un invito a meditare sulla passione e morte del Salvatore (che viene *prima* del momento immaginato e rappresentato), ma anche a prefigurarsene la gloriosa resurrezione (che viene *dopo*), quando il suo corpo riprenderà per propria virtù tutta l'energia della vita, e balzerà fuori da quello stesso sepolcro dal quale ora si erge, immobile nel pallore della morte.

Il protagonista di *Emergence*, fiancheggiato da due donne, segue un altro copione. Il sepolcro (o sarà un pozzo? In ogni caso, una croce vistosamente lo decora) sembra vuoto, e le due donne siedono sui gradini come in attesa, finché se ne vede emergere gradualmente il pallido corpo

and is indeed accentuated by a powerful autobiographical dimension that projects the artist's experience onto the wider stage of the world. These triptychs lead to the development of a veritable "cyclic digital fresco" that is explicitly linked to the cycles of frescoes produced during the Italian Renaissance. The work in question is *Going Forth by Day* (2002), for which there are no screens or frame video "pictures", but just walls that coincide with the space of the video projection. Bill Viola is not afraid of measuring up to a profound tradition by adopting its methods and formats, and of ranging from the predella to the triptych and the "frescoed" room.

Themes

In Bill Viola's work, narrative and pictorial methodology and format become entwined with more or less explicit thematic choices. In *Emergence* (2002), he courageously reworks one of the major themes of Christian art, Christ at the Sepulchre, and presents its elements, taking Masolino's fresco in Empoli as his starting point (fig. 8), but he completely overturns its narrative significance. In the tradition of religious painting, the depiction of the dead Christ's body, which was either supported by one or more angels or by the Madonna and Saint John (as in the case of Masolino), defies the laws of gravity and nature, because the corpse, gifted with a truly divine weightlessness, appears to stand up without the figures that accompany it having to exert the slightest effort. This scene, which is not described in any of the Gospels and was formed through the practice of prayer and piety, took on a twin significance: it was an invitation to reflect on both the Jesus' passion and death (which came *before* the imagined and depicted moment) and the prefiguration of His glorious resurrection (which came *after*) when, because of His virtue, His body would regain its former vital energy and emerge from that very sepulchre from which He now rises, immobile in His deathly pallor.

The protagonist of *Emergence*, who is flanked by two women, follows a different script. The sepulchre (or is it a well? – in any event, there is a cross on top that makes a great show of itself) appears to be empty, and the two women are seated on the steps as though waiting, and then a man's naked body is seen slowly emerging from the water that is pouring copiously from the sepulchre, splashes on the steps and covers the floor. The older woman observes him with intensity, while the younger one takes him by the hand. When the emergence comes to an end, the young man falls, and is caught and held up by the two women; his right arm is hanging limply, as in a most ancient tradition (from the Roman sarcophagi with the *Death of Meleager* to Raphael's *Deposition*, to David's *Death of Marat*), and tells us that he is dead. The two women lay him down on the earth and cover him with a shroud. If we want to give them a name, then they are the Madonna and Mary Magdalene, but the scene they act out is the opposite of the se-

nudo di un uomo, che esce assai lentamente dall'acqua, che intanto sgorga copiosa, inonda i gradini, si sparge sul pavimento: la donna più anziana lo osserva intensamente, la più giovane lo prende per mano. Quando l'emersione è alla fine, il giovane cade, raccolto e sostenuto dalle due donne: il suo braccio destro pendulo, come in una tradizione lunghissima (dai sarcofagi romani con la *Morte di Meleagro* alla *Deposizione* di Raffaello, alla *Morte di Marat* di David), ci dice che è morto. Le due donne lo adagiano al suolo e lo ricoprono con un lenzuolo. Se vogliamo dar loro un nome, saranno la Madonna e Maddalena: ma la scena che recitano è l'opposto della sequenza voluta dai Vangeli. Questa non è una resurrezione, poiché il corpo che emerge dal sepolcro (dal pozzo?) è in preda alla morte. Potremmo anzi dire che la sequenza narrativa di Bill Viola *nega* la resurrezione, poiché la deposizione viene *dopo* che il corpo del giovane emerge dal pozzo (dal sepolcro?). Ma forse questo non è Cristo, né le donne sono la Maddalena e la Madonna. Forse non è una morte che stiamo guardando, forse è una nascita.

Insomma, Bill Viola ha isolato una rappresentazione devota (l'esibizione del corpo di Cristo che emerge dal sepolcro, visione proposta dai mistici medievali, non dai Vangeli), vi ha acutamente individuato un nucleo di enorme potenzialità narrativa ed espressiva, e ne ha sviluppato le implicazioni e le interrogazioni come nessuno aveva mai fatto prima. Il carattere intensamente religioso (non necessariamente confessionale) della rappresentazione coglie nella visione del corpo di Cristo che si mostra ai fedeli per suscitarne la preghiera e la pietà un'esperienza umana universale, un interrogarsi sospeso sulla vita e sulla morte, che si alimenta di spiritualità orientale (per esempio buddista) non meno che della memoria del culto cristiano. Il giovane che emerge dall'acqua non è Cristo, ma il fatto stesso che lo sembri, che – anzi – *potrebbe esserlo* conferisce alla scena uno spessore rituale che sacralizza l'esperienza e le emozioni dell'osservatore, anche perché le radica in una memoria culturale lunga e tenace, quasi più tenace quando si voglia rimuoverla. La dimensione storica implicita nell'approccio, insieme visionario e critico, di Bill Viola intensifica lo spessore della rappresentazione, ma anche le emozioni dell'osservatore.

Movimento

Il rapporto fra *The Greeting* (1995) e la *Visitazione* del Pontormo (ca. 1528, fig. 9) è probabilmente il più famoso fra i molti che intercorrono fra le opere di Bill Viola e quelle dei maestri del passato che hanno innescato il suo processo creativo (nel 2001 il video fu esposto a pochi metri dalla tela del Pontormo, a San Michele di Carmignano presso Firenze). Le somiglianze compositive, di formato, di tema e di sviluppo narrativo sono qui così marcate, che si potrebbe esser tentati di descrivere il video come la trasposizione fedele del dipinto, con minime oscillazioni e deviazioni (come gli abiti delle protagoniste), tutte nella direzione di una secolarizzazione della scena, che pure conserva in sé – lo abbiamo appena visto in altri casi – una forte carica allusiva al quadro religioso che ne è

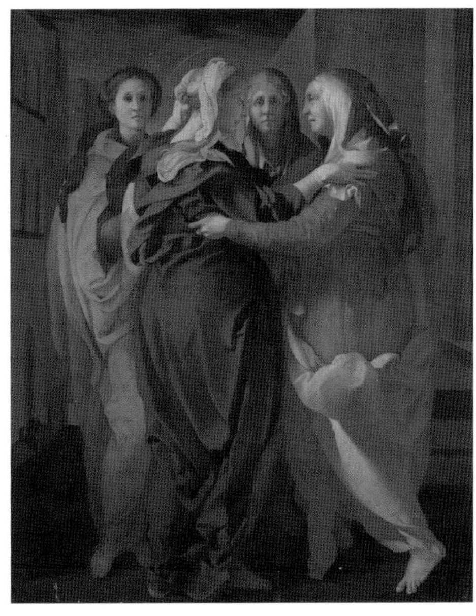

quence required by the New Testament. This is not a resurrection, because the body that emerges for the sepulchre (or well) is in the throes of death. We could even say that Bill Viola's narrative sequence actually *denies* the resurrection, given that the deposition occurs *after* the young man's body emerges from what one increasingly feels really is a well. Perhaps this is not Christ, and these women are not Mary Magdalene and the Madonna. Perhaps we are not witnessing a death, but a birth.

In other words, Bill Viola has isolated one devotional representation (the depiction of the Christ's corpse emerging from the sepulchre, a vision put forward by medieval mystics and not the New Testament), very astutely identified a nucleus of enormous narrative and expressive potential, and developed its implications and mysteries as no one has ever been able to do in the past. The intensely religious (but not necessarily confessional) nature of his representation identifies a universal human experience in the vision of Christ's corpse exposed to the faithful in order to nurture prayer and piety. That experience could be expressed as a faltering self-questioning on life and death that derives from oriental (Buddhist) spirituality just as much as it does from a memory of Christian worship. The young man who emerges from the water is not Christ, but the fact that he appears to be Christ – or indeed *could be* Christ – provides the scene with a depth based on ritual, which sacralises the viewer's experience and emotions, partly because it is rooted in an ancient and persistent cultural memory – all the more persistent when you try to remove it. The historical dimension, which is implicit in Bill Viola's visionary and critical approach, intensifies not only the insightfulness of the depiction, but also the viewer's emotions.

Movement

The relationship between *The Greeting* (1995) and Pontormo's *Visitation* (*c.* 1528, fig. 9) is probably the most famous of the many connections between the works of Bill Viola and those of the masters who triggered his creative process (in 2001 the video was put on display a few metres

10. Domenica Ghirlandaio, *San Giovanni Battista / St. John the Baptist*, 1486-1490, affresco / fresco
Firenze / Florence, Santa Maria Novella,
cappella Tornabuoni

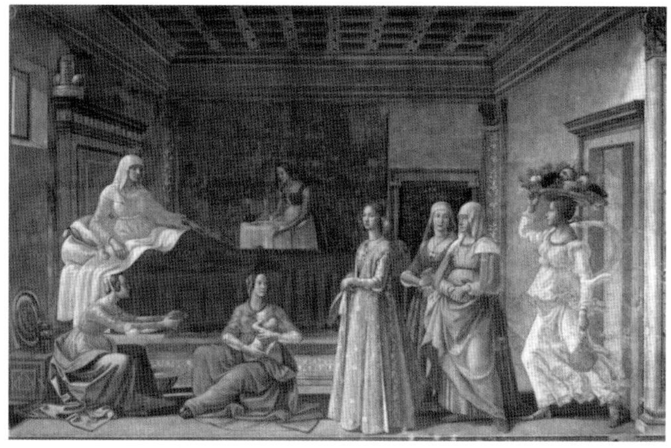

all'origine. Anche in questo caso, tuttavia, l'operazione di profonda assimilazione e riproposizione creativa che Bill Viola ha messo sulla scena è assai più complessa, assai meno ovvia che quella di una trasposizione illustrativa.

Quel che Pontormo ci mostra nel suo quadro è un incontro mille volte rappresentato nell'arte cristiana, la visitazione della Vergine Maria a Santa Elisabetta. Gesù e il Battista, entrambi nel grembo delle madri incinte, sono i protagonisti nascosti del quadro: secondo il Vangelo di San Luca, "appena Elisabetta ebbe udito il saluto di Maria, il bambino sussultò nel suo grembo". Il precursore riconosce il Messia, mentre entrambi sono ancora nel grembo delle madri: perciò questa scena rappresenta simbolicamente l'incarnazione, ma anche tutto ciò che seguirà, dalla predicazione del Battista alla sua decapitazione, dalla missione salvatrice di Gesù alla sua crocifissione. Riassume, nell'incontro di due madri, l'intera storia della salvezza. Le due donne "in più", che nel quadro del Pontormo assistono all'incontro guardando lo spettatore (Viola le riduce a una), con la loro solenne fissità sembrano consapevoli di quel che sta avvenendo, invitano l'osservatore a considerare quell'incontro, oltre le apparenze del visibile, per il mistero che simboleggia, per il futuro che rivela. Nonostante la straordinaria intensità della scena evangelica e di questa sua rappresentazione a opera del Pontormo (giustamente tra le più famose dell'arte cristiana), non è in questo caso il tema, io credo, che ha attratto l'attenzione di Bill Viola e ne ha innescato il processo creativo, ma piuttosto le sue modalità rappresentative. In particolare, il movimento delle figure, espressivamente denotato mediante il fluttuare delle loro vesti nell'aria, quasi fossero mosse da un leggero soffio di vento.

La rappresentazione del movimento in pittura ha una storia lunga, che non è possibile ripercorrerne qui nemmeno per sommi capi. Secondo un grande storico dell'arte e della cultura, Aby Warburg, la svolta decisiva coincise col primo Rinascimento fiorentino. Fu allora che i pittori (per esempio Botticelli o Ghirlandaio) impararono, osservando e assimilando profondamente opere d'arte antica greco-romana, ad affrontare con nuove modalità stilistiche e rappresentative il compito impossibile di suggerire all'osservatore il movimento delle figure necessariamente immobili sulla tela. L'artifizio a cui essi ricorsero fu quello di far muovere nello spazio i lembi delle vesti, i capelli sciolti, le larghe mani-

from Pontormo's canvas at San Michele di Carmignano near Florence). The similarities in the composition, format, theme and narrative development are so marked that one is tempted to describe the video as a faithful transposition of the painting with only minimal variations and deviations (such as the clothing of the female protagonists), all leading to a secularisation of the scene, which nevertheless retains – as we have seen in other cases – a powerful allusion to the religious painting that inspired it. However, Bill Viola's ability to assimilate the subject profoundly and rework it creatively has once again produced a scene that is much more complex and a great deal less obvious than that of an illustrative transposition.

In his own painting, Pontormo presents us with a meeting that has been depicted a thousand times in Christian art: the Visitation of the Virgin Mary to Saint Elisabeth. Jesus and Saint John the Baptist, both in their mothers' wombs, are the hidden protagonists of the painting. According to Saint Luke's Gospel, "it came to pass that, when Elisabeth heard the salutation of Mary, the babe leaped in her womb." The Precursor recognises the Messiah, while their mothers are still pregnant with them. The scene therefore symbolically represents the Incarnation, but also everything that shall follow, from Saint John's teachings to his decapitation and from Jesus' redemptive mission to His Crucifixion. The entire story of the Salvation is subsumed into the meeting between two mothers. The two "extra" women who are present at the meeting (Viola has only one witness) are staring solemnly at the viewer with apparent knowledge of what is happening, and they invite the viewer to reflect upon this meeting and see beyond its appearances to the mystery it symbolises and the future it reveals. In spite of the extraordinary intensity of this biblical scene and Pontormo's execution of it (rightly considered one of the most famous in Christian art), I do not believe that it was the theme that attracted Bill Viola's attention and triggered the creative process, but rather the manner of the representation, particularly the movement of the figures which is expressly demonstrated by the billowing of their clothes in the air, as though they were being moved by a very light breeze.

The representation of movement in painting has a long history, which cannot even be summarised here. According to the great art and cultural historian, Aby Warburg, the decisive change coincided with the early Florentine Renaissance. It was then that painters (such as Botticelli and Ghirlandaio) learned new stylistic and representational techniques by observing and profoundly assimilating ancient Graeco-Roman art, and were able to take on the seemingly impossible task of inducing the viewer to perceive the movement of figures on what is the necessarily static surface of a canvas. The artifice they used was that of creating movement in the folds of clothes, loose hair, the wide sleeves of a tunic, cloaks and veils. Thus, these masters blew a gentle but unflagging breeze through their brushes and onto the canvas, but this wind came from afar, from Classical antiquity. In Warburg's opinion, what he called "acces-

che di una tunica, i manti e i veli. Insomma, di far soffiare sulle tele il vento; una brezza leggera ma persistente, che attraverso il pennello di quei maestri alitava sul quadro; che veniva da lontano, dalle sedi stesse dell'antichità. Secondo Warburg, quelli che egli chiamava "accessori in movimento" (*bewegtes Beiwerk*) furono anzi un elemento cardine nel processo di mutamento dello stile che porta il nome di Rinascimento. Warburg inseguì per tutta la vita questa idea, che già nella sua dissertazione su Botticelli (1893) formulava come "la tendenza – nel Quattrocento – ad attingere alle opere d'arte dell'antichità ogni volta che si volesse calare in un'immagine la vitalità di un movimento esterno". Qualche anno dopo, mentre abitava a Firenze (1897-1902), Warburg inventò con l'amico olandese André Jolles l'incarnazione stessa di questo "muoversi all'antica", battezzandola *La Ninfa*, e identificò questa figura prototipica con l'ancella che porta un cesto di frutta nella *Nascita del Battista* di Domenico Ghirlandaio a Santa Maria Novella, cc. 1485-1490 (fig. 10).

Warburg e Jolles, anzi, progettarono (e cominciarono a scrivere) un romanzo epistolare sulla *Ninfa*: Jolles doveva recitarvi la parte di un giovane entusiasta che si innamorava della Ninfa del Ghirlandaio, Warburg quella dello storico-filologo che lo salvava dalla sua passione irragionevole rivelandogli che quella Ninfa così vitale nelle sue vesti svolazzanti non era nata dal nulla, null'altro anzi era che il frutto di una scelta dell'artista, del suo assiduo studio dell'antichità classica. Alcune frasi di questa corrispondenza possono dare un'idea di questa riscoperta *fin de siècle* del movimento "all'antica":

> "Proprio vicino alla porta aperta corre, ma no!, vola, o piuttosto volteggia l'oggetto dei miei sogni, che pian piano prende ad assumere le proporzioni di un gradevole incubo. Chi viene nella stanza? Una figura fantastica, ma no!, un'ancella, ma no!, una ninfa classica, col suo velo che si gonfia e svolazza [...] Questo incedere vivace e leggero, così ricco di movimento; questo portamento energico e irresistibile, che cosa significa? Talvolta mi pare che quest'ancella non corra sul suolo, ma piuttosto attraversi con piedi alati l'etere luminoso. Insomma, ho lasciato lì il mio cuore, e nei giorni agitati che seguirono, l'ho vista dappertutto [...] E mutavo stato, passando dal sogno angoscioso alla favola [...] Ho perduto la ragione. Era lei, era lei che portava vita e movimento in una scena per il resto immobile. Ah! pareva il movimento fatto persona [...] ma com'è sgradevole coltivare quest'amore! Chi è? Da dove viene? L'ho incontrata in passato, voglio dire secoli, millenni or sono? Forse discende da nobile lignaggio greco, e una sua antenata ha avuto rapporti con qualcuno che veniva dall'Asia Minore? dall'Egitto? o dalla Mesopotamia?"

Queste e altre notizie sulla *Ninfa* di Warburg sono contenute nella famosa *Intellectual Biography* che gli dedicò Ernst Gombrich (1970); inoltre, la tradizione warburghiana fu intimamente assimilata da un importante artista americano, Ron Kitaj, che dell'iconologia warbur-

sories in motion" (*bewegtes Beiwerk*) were the essential element in the change of style that bears the name of Renaissance. Warburg pursued this idea throughout his life, and as far back as in his dissertation on Botticelli (1893), he described it as "the tendency in the fifteenth century to draw on ancient works of art every time they wanted to introduce the vitality of an external movement into an image." A few years later while he was living in Florence (1897-1902), Warburg and his Dutch friend André Jolles invented the embodiment of this movement "all'antica", which they called *The Nymph*, and they identified this prototypical figure with the maid who carries a basket of fruit on her head in Domenico Ghirlandaio's *The Birth of Saint John the Baptist* in Santa Maria Novella, *c*. 1485-90 (fig. 10).

Warburg and Jolles even planned (and started to write) an epistolary novel on the *Nymph*: Jolles was supposed to play the part of an over-excited young man who falls in love with Ghirlandaio's nymph, and Warburg that of the historian and philologist who saves him from his irrational passion by explaining to him that this nymph who is so vivacious in her fluttering clothes was nothing more than the artist's whim and his assiduous study of classical antiquity. A few lines from this correspondence can give us an idea of this *fin-de-siècle* discovery of the movement "all'antica":

> She is running close to the open door, but no! she is flying, or rather the object of my dreams is twirling and taking on the magnitude of a pleasant nightmare. Who is coming into the room? A fantastical figure, but no! a maid, but no! a classical nymph with her veil billowing and flapping ... What is the meaning of this light and lively gait which is so rich in movement, of this energetic and irresistible bearing? At times, it seems to me that this maid is not running on the ground, but crosses the luminous aether on winged feet. In short, I left my heart there, and during the troubled days that followed, I saw her everywhere ... And she was changing state, and shifting from anguished dreams to fairy tale ... I have lost my reason. It was her, it was her who carried life and movement in a scene that was otherwise entirely static. Ah! It seemed that movement had been embodied in a person ... yet it is so disagreeable to cultivate this love! Who is she? Where does she come from? Have I already met in the past - by which I mean centuries ago, millennia ago? Perhaps she descends from some noble Greek lineage, and one of her ancestors had relations with someone who came from Asia Minor, Egypt or Mesopotamia?

This and further information on Warburg's *Nymph* can be found in Ernst Gombrich's *Aby Warburg: An Intellectual Biography* (1970); moreover, Warburg's legacy was thoroughly absorbed by an important American artist, Ron Kitaj, who turned Warburg's iconology, reinterpreted in surrealist mode, into one of the major themes of his own art.

Despite these precedents, Bill Viola's *The Greeting* does not presuppose a reading of Warburg's works

11. Tavola da / Panel from John Bulwer
Chirologia or the Natural Language of the Hand, 1644
Londra / London, British Library

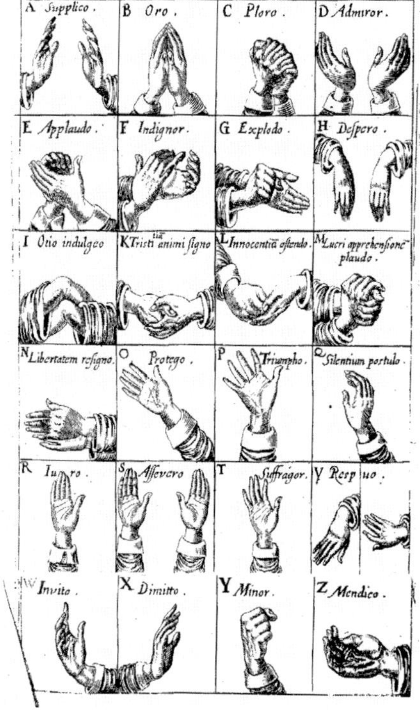

ghiana, riletta in chiave surrealista, fece uno dei temi della propria arte.

Nonostante questi precedenti, *The Greeting* di Bill Viola non presuppone la lettura delle opere di Warburg, né tanto meno degli abbozzi del libro sulla *Ninfa* o della ricca bibliografia in proposito. Presuppone molto di più: l'intuizione, da artista ad artista, del ruolo centrale che ha, anche nella *Visitazione* del Pontormo, il problema "fiorentino" del moto delle figure e della sua rappresentazione mediante "accessori in movimento". È questo il punto di partenza che, con occhio penetrante di artista (che include un'alta capacità di intuizione storica), Bill Viola colse e volle sviluppare mediante le nuove, immense possibilità aperte dalla video arte. Essa non ha bisogno di artifici visuali per suggerire il moto delle figure, poiché può rappresentarlo direttamente: ma proprio per questo nel video di Bill Viola il fluttuare lento, quasi solenne, delle vesti delle amiche che s'incontrano su una scena urbana, presumibilmente americana, che certo non è quella della visitazione evangelica, null'altro è se non una rimeditazione intuitiva, preziosa proprio perché nient'affatto libresca, sul problema del movimento nel primo Rinascimento italiano. Come Botticelli o Ghirlandaio poterono trarre dalle "ninfe" dei sarcofagi romani le loro figure in elegante movimento, così sull'alba di una nuova arte e di una nuova tecnologia Bill Viola coglie in un loro vicino epigono, il Pontormo, lo stesso problema e la stessa modalità rappresentativa, e la dispiega con non minore intensità ed eleganza.

Primi piani, mezze figure: The Passions
Bill Viola eredita dunque pienamente, consapevolmente, osservazioni, problemi, intuizioni, ma anche procedure "artigianali", proprie della tradizione artistica di matrice europea. Come per renderlo ancor più evidente, egli ha voluto creare in video l'equivalente degli "studi d'artista" in disegno propri dei grandi maestri del passato. Tali sono infatti gli studi di teste espressive in preparazione del *Quintet of the Astonished* (2000, fig. 13), tale è il "videofoglio" con *Six heads*, tali gli studi di gestualità delle mani in *Four Hands* (2001, fig. 12).

and, still less, the drafts for his book on the
Nymph or the considerable bibliography on
the subject. It presupposes much more: the
intuition between artists of the central role
of the "Florentine" problem of the movement of figures through "accessories in motion" in Pontormo's *Visitation*. This was the
starting point from which Bill Viola used his
penetrating artist's eye (which included a
keen historical intuition) to elaborate upon
the problem of movement through the immense and innovative possibilities of video

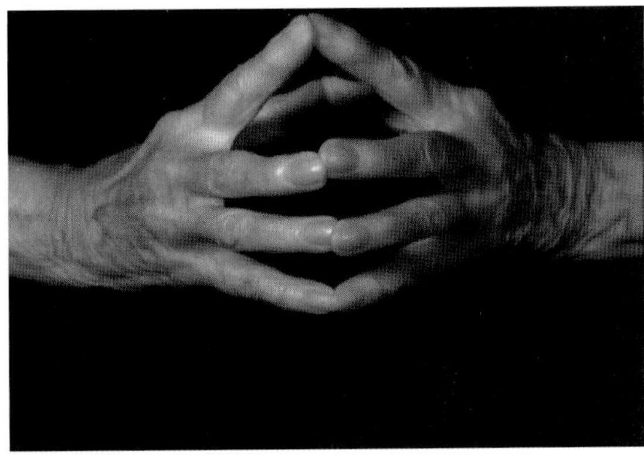

art. It has no need of visual artifices to suggest the movement of figures, as it can represent them directly, but precisely because of this, the slow, almost majestic rippling and ruffling of the clothes worn
by female friends who meet in some presumably American, urban scene, which is certainly not that
of the Visitation in the New Testament, can only be an intuitive reflection on the question of movement in the early Italian Renaissance, which is all the more precious because there is nothing book-
ish about it. Just as Botticelli and Ghirlandaio could base their figures in elegant motion on the
"nymphs" they found on Roman sarcophagi, so at the dawn of a new art and a new technology, Bill Viola grasps onto the same question and the same representative mode used by Pontormo, one of their
closest followers, and he deploys it with no less intensity and elegance.

Close-ups, "half-length figures": The Passions

Thus Bill Viola is fully and consciously an heir to observations, problems, intuitions and also
"craft" procedures that belong to the European artistic tradition. As though to make this even
clearer, he decided to create the video equivalents of the "artist's studies", the preparatory draw-
ings of the great masters. Amongst these, we have the studies of expressive heads he produced
when preparing *The Quintet of the Astonished* (2000) (fig. 13), the "videopage" with *Six Heads*, and
the studies of hand movements in *Four Hands* (2001) (fig. 12).
In the series "The Passions", the expressive and emotive use of close-ups and the composition
of half-length figures correspond, as we saw earlier, to a long tradition that artists like Emil
Nolde revitalised during the early twentieth century in expressionistic mode. The fifteenth
and sixteenth-century masters, the twentieth-century artists, and Viola's "Passions" are all
united by a single creative strategy based on attracting the viewers' attention and drawing
them into the representational space through the intensity of the representation, the defamil-

13. Bill Viola, Videostudi per / Study for
The Quintet of the Astonished, 2000

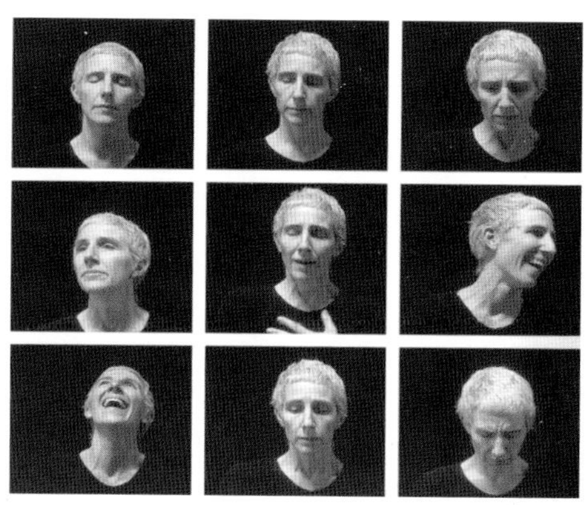

Nella serie *The Passions*, l'uso espressivo ed emozionale dei piani ravvicinati e della composizione a mezze figure corrisponde, lo abbiamo visto all'inizio, a una lunga tradizione, che artisti come Emil Nolde rivitalizzarono nel primo Novecento in clima espressionista. Catturare l'osservatore mediante l'intensità della rappresentazione, l'effetto di straniamento delle mezze figure e della rappresentazione per piani ravvicinati, trascinarlo nello spazio della rappresentazione: una stessa strategia creativa unisce, a distanza di secoli, maestri del Quattro e del Cinquecento, artisti novecenteschi, le *Passioni* di Viola. Qui come negli altri esempi che abbiamo citato, egli di fatto ripropone formati, gestualità, temi, modi espressivi, rappresentazioni proprie dell'arte del Rinascimento, rivivendoli attraverso il filtro di esperienze novecentesche.

Piuttosto che insistere su questo punto, vorrei addurre a proposito delle *Passioni* il tributo di un minimo ricordo personale. Quando ero direttore del Getty Research Institute for the History of Art and the Humanities (Los Angeles), avevo scelto come tema di ricerca per il 1997-1998 *Representing the Passions*, convocando intorno a esso un gruppo di studiosi come Page Dubois, classicista di San Diego; Martha Feldman, studiosa dell'opera a Chicago; Diego Lanza, studioso della tragedia greca a Pavia; Reinhart Meyer-Kalkus del Wissenschaftskolleg di Berlino, studioso della "fisiognomica della voce"; Moshe Barash, studioso della gestualità a Gerusalemme; inoltre, Maria Luisa Catoni organizzò un workshop sulla gestualità espressiva (vi parteciparono tra gli altri un esperto di teatro No e Kabuki, Thomas Hare; la più nota studiosa di danza indiana, Kapila Vatsyayan; Richard Strassberg, sinologo di UCLA). In questo contesto avevo invitato, tra tanti studiosi, un artista: Bill Viola.

Il seminario del mercoledì, a cui partecipavano questi (e altri) *Getty Scholars* con alcuni più giovani *Getty Fellows*, prevedeva la presentazione, a turno, di un lavoro in corso su argomenti legati al tema centrale, seguita da una discussione spesso accesa, guidata da Michael Roth (allora mio Associate Director) e da me. A queste discussioni Bill Viola partecipò regolarmente, non solo presentando aspetti del proprio lavoro e stimolando la discussione con domande, curiosità, problemi "da artista", ma anche portandovi il contributo della sua lunga frequentazione con testi di altre culture, dall'India al buddismo, a scritti mistici di vario orizzonte (per esempio sufi), di cui molto lo attraevano le affinità interculturali, in particolare coi mistici cristiani fra il tardo Medioevo e il Barocco. Solo in piccola parte quelle discussioni confluirono

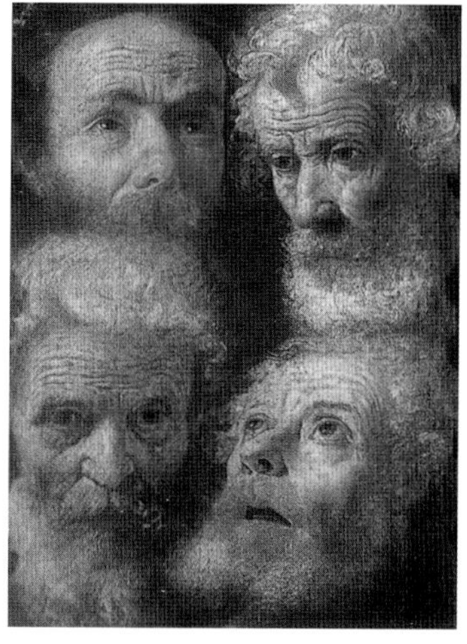

iarising effect of the "half-length figures" and the use of close-ups. Here as in the other examples I have referred to, he is reworking formats, body language, themes, expressive mannerisms, and representations typical of the Renaissance, and reviving them through the experiences of twentieth century art.

Rather than pressing this point any further, I would like to pay tribute to a small personal memory in relation to "The Passions". When I was the director of the Getty Research Institute for the History of Art and the Humanities (Los Angeles), I chose *Representing the Passions* as the research subject for 1997-1998, and convened around it a group of scholars that included the San Diego classicist Page Dubois, the expert on opera Martha Feldman from Chicago, Diego Lanza who studies Greek tragedy in Pavia, Reinhart Meyer-Kalkus from the Berlin Wissenschaft-skolleg who studies the "physiognomics of the voice", and the expert on body language Moshe Barash from Jerusalem. Maria Luisa Catoni organised a workshop on expressive gestures (in which the expert in Noh and Kabuki theatre Thomas Hare, the most famous scholar of Indian dance Kapila Vatsyayan, and the Sinologist Richard Strassberg from the UCLA took part). Amongst all these academics, I invited one artist, Bill Viola.

The Wednesday seminar, which was attended by these and other Getty scholars along with some younger Getty fellows, required a presentation in turn on current work on arguments linked to the central theme, followed by an often lively discussion led by Michael Roth (who was then my associate director) and myself. Bill Viola regularly took part in these debates: not only did he present aspects of his own work and stimulate the debate with questions, curiosities and issues reflecting his experience as an artist, but he also brought his vast knowledge of texts from other cultures – Indian, Buddhist, Sufi and other mystical works, whose intercultural affinities, particularly those with the mystical Christians of the late Middle Ages and the Baroque, fascinated him. Only a small part of the debates would result some years later in *Representing the Passions. Histories, Bodies, Visions* (2003), which was edited by Richard Meyer, but Viola's work on "The Passions" and everything that came afterwards originated and developed from this intellectual climate. The series started, in fact, with four videos in 2000, which adopted the format of "half-length figures" that we had discussed with Bill at those seminars: *The Quintet of the Astonished* which was exhibited at the National Gallery in London, *The Quintet of Remembrance* which was the first work by a video artist to become a permanent part of the collection at the Metropolitan

qualche anno più tardi nel volume *Representing the Passions. Histories, Bodies, Visions*, a cura di Richard Meyer (2003); ma il progetto *The Passions*, con tutto quello che ne seguì, nacque e si sviluppò in quel clima. Aprono la serie, infatti, quattro video del 2000, che adottano il formato a mezze figure che con Bill avevamo discusso in margine a quei seminari: *The Quintet of the Astonished*, esposto alla National Gallery di Londra, *The Quintet of Remembrance*, prima opera di un videoartista a entrare nelle collezioni permanenti del Metropolitan Museum di New York, *The Quintet of the Unseen, The Quintet of the Silent*. In tutte le opere della serie, le potenzialità espressive della composizione a mezze figure sono esplorate in modo assai maturo. Manca qui ogni riferimento, neppure per allusioni, a un qualsiasi tema, religioso o no, dell'arte più antica: è la composizione a mezze figure come veicolo dell'espressione intensificata delle passioni che domina la scena. La tradizione s'incarna in una specifica forma rappresentativa, ne assorbe e ne esalta il significato, lo ripropone alla sensibilità e alle emotività dell'osservatore del secolo XXI mostrandone l'inattesa attualità. La mostra *The Passions*, che si tenne al Getty Center nel 2003, col relativo catalogo a cura di John Walsh, autore dei testi e dell'impianto del volume insieme con Kira Perov, Peter Sellars, Hans Belting e lo stesso Bill Viola, fu dunque in un certo senso l'esito e la conclusione di quel seminario.

Questo dialogo di un artista con storici, filologi, musicologi, questa sua capacità di insegnare e di imparare attraverso la discussione seminariale, sono - io credo - fra le doti più singolari e più notevoli di Bill Viola. Proprio perché acutamente consapevole di aver contribuito col suo lavoro a creare una nuova forma d'arte, egli ha sviluppato una straordinaria sensibilità per la storia dell'arte, un sapere che siamo troppo spesso abituati a pensare come chiuso nei confini angusti di una disciplina accademica. Bill Viola non ha mai avuto un'educazione formale di storico dell'arte, ma *ex plenitudine cordis* ha imparato a volgere sull'arte del passato uno sguardo curioso e penetrante come può esserlo solo quello di un artista. È vero, per le sue creazioni egli ha bisogno di attori, deve metterli in posa e dirigerli come un regista di teatro o di cinema. È vero, le sue figure si muovono come su uno schermo televisivo. È vero, per la sua arte egli ha bisogno di dominare tecnologie nuove e sempre cangianti. Ma Bill Viola pensa se stesso come un pittore, vive la propria arte nel dialogo con l'arte del passato. Ha fatto, fa a ogni passo i conti con l'arte. L'attualità bruciante della sua opera, il fatto stesso che essa si sostanzi di un medium e di una tecnologia che non solo è "del nostro tempo", ma si evolve ogni giorno, ci costringe a guardarla con un'intensità tutta speciale, che i video-dipinti di Bill Viola ripagano con un'alta e vasta gamma di emozioni. Attraverso l'opera di Bill Viola noi, osservatori ora stupefatti ora commossi ora increduli, dobbiamo fare i *nostri* conti con l'arte, la sua e quella del passato.

Museum in New York, *The Quintet of the Unseen*, and *The Quintet of the Silent.* In all the works in this series, the expressive potential of "half-length figure" compositions is explored in an extremely mature manner. Here there is no trace of a reference, not even a veiled allusion, to any religious or secular artistic theme of the past; the composition of half-length figures becomes the vehicle for the intense expression of the passions that dominate the scene. The tradition is embodied in a specific representational form. Viola has absorbed it, exalted its meaning, and has been able to reintroduce it to the sensitivity and emotions of the viewer in the twenty-first century by demonstrating its unexpected topicality. The exhibition, "The Passions", which was held at the Getty Center in 2003, was in a sense the outcome of the seminar. The exhibition catalogue was edited by John Walsh, who also contributed to it along with Kira Perov, Peter Sellars, Hans Belting and Bill Viola himself.

This dialogue between an artist and historians, philologists and musicologists, this ability to teach and to learn through seminar debates, is, I believe, one of Bill Viola's important and singular gifts. Precisely because he is acutely aware of having contributed to the creation of a new art form through his work, he has developed an extraordinary sensitivity to the history of art, a knowledge that we too often believe to be restricted to the narrow confines of an academic discipline. Bill Viola has never had a formal education in the history of art, but out of the fullness of his heart, he has learned to look on the art of the past with the curious and penetrating eye that can only be that of an artist. It is true that he needs actors for his creations, and must direct them like a theatre or cinema director. It is true that his figures move just as on a television screen. It is true that his art requires him to master new and constantly changing technologies. But Bill Viola thinks of himself as a painter, and experiences his own art as a dialogue with the art of the past. He has always got to grips with art. The ferocious topicality of his work and the fact that it manifests itself through a medium and a technology that not only belongs exclusively to our times but also evolves from day to day, force us to perceive Bill Viola's video-paintings with a very special intensity, and they repay us with a vast range of emotions. While we, the viewers of Bill Viola's work, experience astonishment, excitement and incredulity, we too are obliged to get to grips with art, his art and the art of distant centuries.

Nota bibliografica essenziale

Della vasta bibliografia su Bill Viola, del resto citata altrove in questo catalogo, ho usato soprattutto :

D. A. Ross, P. Sellars (edd.), *Bill Viola*, Whitney Museum of American Art, New York 1997

Bill Viola, *Going Forth by Day*, Deutsche Guggenheim, Berlin 2002

J. Walsh, ed., *Bill Viola. The Passions*, The J. Paul Getty Museum, Los Angeles 2003.

Il lettore italiano troverà inoltre utile la lettura di *Bill Viola. Vedere con la mente e con il cuore*, a cura di V. Valentini, Gangemi, Roma 1993.

Per le *Ultime Ultime Cene* di Andy Warhol

C. Schulz-Hoffmann, *Andy Warhol, the Last Supper*, Cantz, New York 1998

P. Kattenberg, *Andy Warhol, Priest: the Las Supper Comes in Small, Medium, and Large*, Brill, Leiden 2001

Per l'*Ultima Cena* di Emil Nolde e il suo contesto:

E. Nolde, *Jahre der Kämpfe (1902-1914)*, 2ª ed., Flensburg. Wolff, 1957, pp. 103 sg [1ª ed. Berlin, Rembrandt, 1934]

Per una traduzione italiana della citazione dall'autobiografia di Nolde, cfr. M. Reuther, *I soggetti religiosi. L'opera e il suo luogo spirituale,* in *Emil Nolde*, a cura di R. Chiappini, Milano Electa, 1994, p. 113.

Kyong-Mi Kim, *Die religiösen Gemälde von Emil Nolde,* Diss. Heidelberg 2005-2006, pp. 40 sgg.

S. Barron, ed., *"Degenerate Art": The Fate of the Avant-Garde in Nazi Germany*, Los Angeles County Museum, Los Angeles 1991

J. McComas, *Monstruous Modernism, Monstruous Bodies: Christian Iconography and "Degenerate Art"*:

http://www.wickedness.net/Monsters/M4/mccomas%20paper.pdf

Per le composizioni a mezze figure, specialmente.

S. Ringbom, *Icon to Narrative: The Rise of the Dramatic Close-Up in Fifteenth Century Devotional Painting*, 2ª ed., Doornspijk, Davaco, 1984 [1ª ed. 1965]

Cfr. anche S. Settis, *Esercizi di stile: una Vecchia e un Bambino*, in : S. Ferino-Pagden, *Giorgione Entmythisiert* , Brepols, Wien 2008, pp. 39-54.

Per art/tapes/22:

C. G. Saba, ed., *Arte in videotape: art/tapes/22*, Silvana Editoriale, Milano 2007

Per il gesto del "braccio pendente" come formula iconografica della morte:

G. Pellegrini, *Il braccio della morte. Migrazioni iconografiche*, Cagliari 1993

S. Settis, *Ars moriendi: Cristo e Meleagro*, in F. Caglioti, ed., *Giornate di studio in ricordo di Giovanni Previtali*, "Annali della Scuola Normale Superiore di Pisa", s. IV, Quaderni, 9-10, Pisa 2002, pp. 145-170.

Per Warburg e la sua concezione del *bewegtes Beiwerk*:

E. H. Gombrich, *Aby Warburg: an Intellectual Biography*, University of Chicago Press, Chicago 1970, spec. pp. 105 sgg.

S. Settis, *Introduzione* a: J. Seznec, *La sopravvivenza degli antichi dèi*. Bollati Boringhieri, Torino 1981, pp. VII-XXIX.

Ph.-A. Michaud, *Aby Warburg and the Image in Motion*, Zone, New York 2004

A. Nova, *Libro del vento: rappresentare l'invisibile*, Marietti, Genova 2007

Traduzioni parziali delle opere di Warburg:

In inglese: *The Renewal of Pagan Antiquity : Contributions to the Cultural History of the European Renaissance*, Getty Research Institute, Los Angeles, 1999

In italiano: *La rinascita del paganesimo antico; contributi alla storia della cultura*, a cura di G. Bing, Firenze, La Nuova Italia, 1966

Opere I-II, a cura di M. Ghelardi, Aragno, Torino 2004-2007

Per Ron Kitaj e la tradizione warburghiana:

M. Livingstone, *Iconology as a Theme in the Early Work of R. B. Kitaj*, in *Burlington Magazine* , CXXII, 1980, pp. 488-497.

M. Livingstone, *Kitaj*, Phaidon, London 1999

* Devo uno speciale ringraziamento a Bill Viola e a Kira Perov: la loro amicizia e la loro generosità mi hanno indotto ad azzardare qualche pensiero su temi lontani dalle mie competenze professionali. A Lucia Franchi devo molti aiuti, prima e durante la stesura di questo testo.

Il saggio era già comparso in *Bill Viola Visionoi Interiori*, Giunti, Firenze 2008, pp. 14-35.

Brief bibliographical Note

Of the vast bibliography on Bill Viola, which in any case appears elsewhere in this catalogue, I have mainly relied on the following:

D. A. Ross and P. Sellars (eds.), *Bill Viola*, New York: Whitney Museum of American Art, 1997

Bill Viola: Going Forth by Day, Berlin: Deutsche Guggenheim, 2002

J. Walsh (ed.), *Bill Viola. The Passions*, Los Angeles: the J. Paul Getty Museum, 2003

V. Valentini (ed.), *Bill Viola. Vedere con la mente e con il cuore*, Rome: Gangemi, 1993

For Andy Warhol's *Last Suppers*, see:

C. Schulz-Hoffmann, *Andy Warhol, the Last Supper*, New York:

Cantz, 1998

P. Kattenberg, *Andy Warhol, Priest: the Las Supper Comes in Small, Medium, and Large*, Leyden: Brill, 2001

For Emil Nolde's *Last Supper* and the context in which was produced, see:

E. Nolde, *Jahre der Kämpfe (1902-1914)*, 2nd edition, Flensburg: Wolff, 1957, pp. 103f [1st edition, Berlin: Rembrandt, 1934]

M. Reuther, "I soggetti religiosi. L'opera e il suo luogo spirituale", in R. Chiappini (ed.), *Emil Nolde*, Milan: Electa, 1994, p. 113

Kyong-Mi Kim, *Die religiösen Gemälde von Emil Nolde*, Diss. Heidelberg 2005-2006, pp. 40ff

· S. Barron (ed.), *"Degenerate Art": The Fate of the Avant-Garde in Nazi Germany*, Los Angeles: Los Angeles County Museum, 1991.

J. McComas, *Monstruous Modernism. Monstruous Bodies: Christian Iconography and "Degenerate Art"*:

http://www.wickedness.net/Monsters/M4/mccomas%20paper.pdf

For compositions with half-length figures, see:

S. Ringbom, *Icon to Narrative: The Rise of the Dramatic Close-Up in Fifteenth Century Devotional Painting*, 2nd edition, Doornspijk: Davaco, 1984 [1st edition 1965]

Also S. Settis, "Esercizi di stile: una Vecchia e un Bambino", in : S. Ferino-Pagden, *Giorgione Entmythisiert* , Vienna: Brepols, 2008, pp. 39-54

For art/tapes/22, see:

C. G. Saba (ed.), *Arte in videotape: art/tapes/22*, Milan: Silvana, 2007

For the "hanging arm" as an iconographical formula for death, see:

G. Pellegrini, *Il braccio della morte. Migrazioni iconografiche*, Cagliari 1993

S. Settis, "Ars moriendi: Cristo e Meleagro", in F. Caglioti (ed.), *Giornate di studio in ricordo di Giovanni Previtali*, Quaderni, series IV, 9-10, Pisa: Annali della Scuola Normale Superiore di Pisa, 2002, pp. 145-170

For Warburg and his concept of *bewegtes Beiwerk*, see:

E. H. Gombrich, *Aby Warburg: An Intellectual Biography*, Chicago, University of Chicago Press, 1970, particularly pp. 105ff

S. Settis, introduction to J. Seznec, *La sopravvivenza degli antichi dèi*, Turin: Bollati Boringhieri, 1981, pp. VII-XXIX.

P.-A. Michaud, *Aby Warburg and the Image in Motion*, New York: Zone, 2004

A. Nova, *Libro del vento: rappresentare l'invisibile*, Genoa: Marietti, 2007

Partial translations of Warburg's works:

(a) in English, *The Renewal of Pagan Antiquity : Contributions to the Cultural History of the European Renaissance*, Los Angeles, Getty Research Institute, 1999

(b) in Italian,

G. Bing (ed.), *La rinascita del paganesimo antico; contributi alla storia della cultura*, Florence: La Nuova Italia, 1966

M. Ghelardi (ed.), *Opere* I-II, Turin: Aragno, 2004-2007

For Ron Kitaj and the Warburg tradition, see:

M. Livingstone, "Iconology as a Theme in the Early Work of R.B. Kitaj", in *Burlington Magazine*, CXXII, 1980, pp. 488-497.

M. Livingstone, *Kitaj*, London: Phaidon, 1999

* I would particularly like to thank Bill Viola and Kira Perov: their friendship and generosity have encouraged me to venture a few thoughts on matters very far from my own professional expertise. I am also indebted to Lucia Franchi for her assistance before and during the writing of this article.

(Translation from Italian by Allan Cameron.)

INTERVISTA A BILL VIOLA

Questa video intervista, per Exibart.tv, è stata registrata nel 2008 nelle sale del Palazzo delle Esposizioni di Roma, in occasione dell'inaugurazione della mostra Bill Viola. Visioni interiori *curata da Kira Perov. Videoreporter Lerri Bolognesi.*

Siamo nel 2008 e questo è un monitor LCD o uno schermo al plasma. Un secolo fa sarebbe stato un dipinto, in epoca preistorica una scultura fatta di pietra, di fango o di sangue. Anche se è importante tenere conto dei diversi media utilizzati nel corso della storia, secondo me non è questo l'aspetto fondamentale. La cosa fondamentale è l'immagine. E l'immagine è eterna. L'umanità ha sempre creato immagini di se stessa, ma l'importante è l'essenza di quanto viene detto o fatto. Perciò sì, questa è tecnologia avanzata, nuova, ma io sento veramente di essere un pittore. In futuro avremo immagini olografiche tridimensionali e qualche giovane artista - io non potrò vederlo - farà qualcosa di nuovo con quella tecnologia. Per me sarà una prosecuzione di tutto questo - di Van Gogh, di Rembrandt, di Leonardo, della storia insomma. L'immagine è l'eterno DNA, il gene culturale dell'umanità che continua il suo movimento nel tempo.

Sotto la superficie di ogni opera c'è una sorta di fiume sotterraneo invisibile ai nostri occhi, una corrente di conoscenza, emozione e mistero in perenne movimento. Secondo me non c'è alcun bisogno di scavare scientificamente nel profondo per tirare fuori questo materiale, questa essenza della vita umana, e non dovremmo neppure farlo. Questo è uno dei motivi alla base dei miei problemi con la psicoanalisi. Il regista tedesco Werner Herzog ha detto: "Non credo nella psicoanalisi perché una stanza troppo illuminata non è un posto in cui vale la pena di vivere". La scienza cerca costantemente di illuminare ogni singolo spazio, ogni ombra, ogni luogo oscuro, sulla terra e nel cielo, ci sono satelliti ovunque, abbiamo i telefoni cellulari... sembra sia indispensabile conoscere ogni cosa. Penso che questa sia una situazione molto rischiosa e problematica. Per vivere abbiamo assolutamente bisogno dell'ignoto, di quel luogo del mistero indescrivibile a parole in cui il pensiero si arresta, se quel luogo non c'è non è possibile andare avanti. Abbiamo bisogno di questa sorta di spazio vuoto, ed è proprio lì che cerco di arrivare con le mie opere. Ma se riesco nel mio intento, chi vede uno dei miei lavori uscirà con molte più domande che risposte. Io non voglio dare risposte, non mi interessano, le domande sono più importanti. La domanda crea vita, la risposta è la fine. Quando Hillary scala l'Everest e lo fotografano là in cima con la bandiera è tutto finito. È come per i capolavori. Quando un artista crea un grande capolavoro, quella è la fine di un processo. Ma noi vogliamo essere *dentro* il processo, vogliamo perderci e ritrovarci, essere tristi e allegri, essere confusi: questa è vita. La vita non è quello che dice la scienza.

Ho creato la serie *The Passions* a partire dal 2000, l'anno successivo alla morte di mio padre. Ovviamente era un periodo molto difficile per me dal punto di vista emotivo, e avevo l'esigenza di concentrarmi sugli esseri umani, sulla loro vita interiore, soprattutto sui volti e sulle emozioni. Mi sembrava più opportuno lavorare su una scala ridotta, quasi una misura umana, invece di continuare a crea-

BILL VIOLA INTERVIEWED

This video interview for Exibart.tv took place in the galleries of the Pallazzo delle Esposizioni in Rome, October 2008 during the opening of "Bill Viola. Visioni Interiori," curated by Kira Perov. Video reporter, Lerri Bolognesi.

Today, in 2008, this is a LCD screen or a plasma screen. If I were living one hundred years ago, this would be a painting, in prehistoric times it might have been a sculpture, it would be made of stone or mud or blood. So, even though it's important to think of the different media in our history, I think that it's not the most important thing. The most important thing is the image. And the image is eternal. People have always made images of human beings, but the most important thing is the essence of what is being said or made. So, yes, this is advanced technology, it's new technology, but I really feel that I am a painter and in the future there will be some three-dimensional holographic image, and a young artist - I'll be gone - will make something new with that. For me it will be a continuation of this - of Van Gogh, Rembrandt, Leonardo - of history. Image is the eternal DNA, the cultural DNA of humanity, it just continues to move through time.

Under the surface of all the works exists a kind of underground river that we don't see. It's a continuously moving stream of knowledge, emotion and mystery. I think we don't need and should not actually excavate the ground scientifically and go down and pull out this material, this essence of human life - you know that's one reason why I have a big problem with psychoanalysis. The German film director Werner Herzog said: "I don't believe in psychoanalysis because a fully illuminated room is not worth living in". So science is constantly wanting to shine a light into every single space, every shadow, every dark space, in the ground, in the stars, they have satellites around the world, now we have cell phones... everything seems to need to be known. I think this is an incredibly dangerous, really problematic situation. You absolutely must have the unknown to live, if you don't have the unknown, the place of mystery or the place where words fail, where thinking stops, if you don't have that place then you can't go forward. So we need this kind of place of emptiness and that's the place I'm trying to touch with my work. But if I'm successful when you see one of my pieces, you'll have more questions than answers. I don't want to give any answers, I'm not interested in the answers, the questions are more important. Questions give life, the answer is the end. When Hillary climbs Everest and he stands at the top with the flag, and they take the photo, it's over, it's like a masterpiece. You know, when an artist makes a great masterpiece that's the end of the process. You want to be inside the process, you want to be lost and found, and happy and sad, you want to be confused: that's life. Life is not what science tells us.

I made all of these works in "The Passions" series, starting in 2000, the year after my father's death. When my father died, of course it was very difficult and emotional and I really wanted to concentrate on human beings, on their inner life, but especially on the face and the emotions. So I felt it was more ap-

re immagini molto grandi su grandi schermi. Nel tentativo di avvicinarmi al cuore, mi sembrava normale fare qualcosa di più piccolo. In quel periodo piangevo quasi ogni giorno. Non riuscivo a capire quello che mi accadeva, le lacrime arrivavano da chissà dove – non so dove – all'improvviso, quando guidavo o mentre stavo mangiando. Volevo comprendere il senso di quella incredibile potenza, di quell'onda immensa che mi travolgeva dentro. Quando ho capito di voler fare dei video su questo, mi sono reso conto che dovevano essere muti. In caso contrario, sarebbero stati troppo vicini alla nostra esperienza, troppo diretti. Volevo che le persone cogliessero la superficie silenziosa di quelle vite, poi avrebbero potuto immaginare, chiedersi cosa c'era nella mente di quegli individui. Il sonoro rende tutto troppo realistico, e io non volevo il realismo assoluto. Volevo che i video somigliassero più a una sorta di ricordo che a una percezione diretta, così ho tolto il sonoro in quel lavoro lì ad esempio – l'ho intitolato *Silent Mountain* – dove vediamo due persone che gridano. Se qualcuno fosse stato in studio con noi mentre urlavano l'avrebbe trovato incredibile, tanto alto, forte e terribile era il grido. Ma per me – ora che l'ho visto tante volte – è molto più forte così perché non lo senti, perché l'urlo è interiore, il dolore è dentro, non si riversa fuori, nello spazio, il dolore è invisibile, è dentro di noi.

Queste persone sono per lo più attori, tranne alcuni che sono solo amici, miei o della mia famiglia. Non volevo lavorare con la recitazione, come si fa nel cinema, perché queste opere non raccontano una storia come invece accade nei film. Volevo che le emozioni fossero come qualcosa che sgorga dalle profondità della terra o degli oceani, un processo invisibile di cui avvertiamo solo il disturbo, e poi è lì. Per questo ho passato un po' di tempo con ciascuna di queste persone, parlando con loro per ore in modo molto intimo e privato, chiedendo se nella loro vita avessero mai vissuto una tragedia, se qualcuno che conoscevano era morto. Ovviamente ognuno ha una tragedia: anche in questo momento, qui in questa sala, se parli con chiunque scoprirai una certa tristezza, una qualche tragedia. Tutto ciò che ho fatto è stato parlare con gli attori per aiutarli a ricordare le loro esperienze, in modo che affiorassero in superficie, pronte a erompere. Così, quando accendevamo la telecamera era arrivato il momento di tirarle fuori. Da un certo punto di vista è stato difficile, dall'altro molto facile: se crei la situazione giusta tutto viene naturale.

In questo momento mi trovo in una fase intermedia della mia vita. Francamente mi sento un po' smarrito. Ho scritto e ho cercato di scoprire quale sarà il passo successivo, che direzione prenderà il mio lavoro, ma ancora non lo so. Troverò una strada, ma penso che perdere la via, non essere sicuri del cammino da intraprendere, sia qualcosa di molto prezioso.

Credo sia proprio una benedizione, perciò mi godo questo momento speciale, questa fase intermedia."

(Trascrizione dalla videointervista realizzata da Exibart.tv in occasione della mostra *Bill Viola. Visioni interiori* a Palazzo delle Esposizioni a Roma ottobre 2008.)

propriate to work on a smaller scale, almost a human scale, than continue to make images that were very, very large on large screens. It just felt normal to me to want to approach the heart by making something smaller. At the time I made all of these pieces, I was crying almost every day. I couldn't understand what was happening, because I would be driving a car, eating dinner and suddenly tears would come from nowhere, I don't know where. I wanted to understand that tremendous power, that tremendous wave that would come inside me. So when I knew I wanted to make videos with this, I just knew they had to be silent, because if they are not silent, it is too close to our experience, too direct. I really wanted people to understand the silent surface of these lives and then they could imagine, they themselves could think: what's in this person's mind. If you make sound, it becomes too realistic and I didn't want to make it totally real. I wanted to make it more like a memory than like a direct perception, so I took away the sound in that piece there, with the two people screaming - I called it *Silent Mountain* (2001). If you were in the studio with us when they screamed you would have found it unbelievable, it was so loud and horrific and just incredibly strong. But for me personally - I've seen this now many times - I think it's stronger because you don't hear them, because the scream is inside, the pain is inside. The pain is not out in the room, the pain in ourselves is invisible, inside ourselves.

Most of these people are performers but some are not, some are just friends or friends of my family. I didn't want to work with acting like in the cinema because these works don't tell a story, there's no narrative like in the cinema. I wanted to have the emotions be like something coming up from underneath the ground, from underneath the ocean, and we don't experience it, only the disturbance, and then it appears. So I spent time with each of these people very closely, very privately, talking with them for hours: "Tell me about your life, did you have a tragedy in your life? Did you have someone die whom you knew?" And of course everybody has a tragedy, everybody in this moment, here in this hall, if you speak to them there is some kind of sadness, some kind of tragedy. So all I did was to talk with the actors to help them remember their experiences, so it would be right on the top, ready to come out. Then, when we turned on the camera, they were right at the moment of having the emotions come out. So it was difficult on the one hand, but on the other it was actually very easy: if you make the right situation it's easy.

At this moment in my life I feel like I am between things. I feel a bit lost now, honestly. I have been writing and trying to discover what will be my next step, where will my work move next and I can't feel it yet. I will find the way, but I find it very precious when we get lost, when we are not sure of which way to go next.

I think that it's a great blessing actually, so I'm enjoying this special moment between things. "

(Transcript from the video interview by Exibart.tv for the exhibition of "Bill Viola. Visioni interiori" to the Palazzo delle Esposizioni in Rome, October 2008.)

OPERE / WORKS

THE REFLECTING POOL, 1977-1979

Videotape, colore, sonoro mono
Proiezione su schermo 213.4 x 160 cm (84 x 63 in), due altoparlanti
7 minuti

Videotape, color, mono sound
Projection on 213.4 x 160 cm (84 x 63 in) screen, two speakers
7:00 minutes

Un uomo emerge dal bosco e si ferma sul bordo di una piscina. Poi fa un balzo in avanti e il tempo si ferma all'improvviso. In questa scena altrimenti fissa, gli unici movimenti e cambiamenti sono dati dai riflessi e dalle increspature sulla superficie dell'acqua. Il tempo si dilata, interrotto da una serie di eventi di cui vediamo soltanto i riflessi. L'opera fa riferimento all'apparizione dell'uomo nella natura, descrivendo una sorta di battesimo in un mondo di immagini virtuali e percezioni indirette.

A man emerges from the forest and stands before a pool of water. He leaps up and time suddenly stops. All movement and change in the otherwise still scene is limited to the reflections and undulations on the surface of the pond. Time becomes extended and punctuated by a series of events seen only as reflections in the water. The work describes the emergence of the individual into the natural world, a baptism into a world of virtual images and indirect perceptions.

B.V.

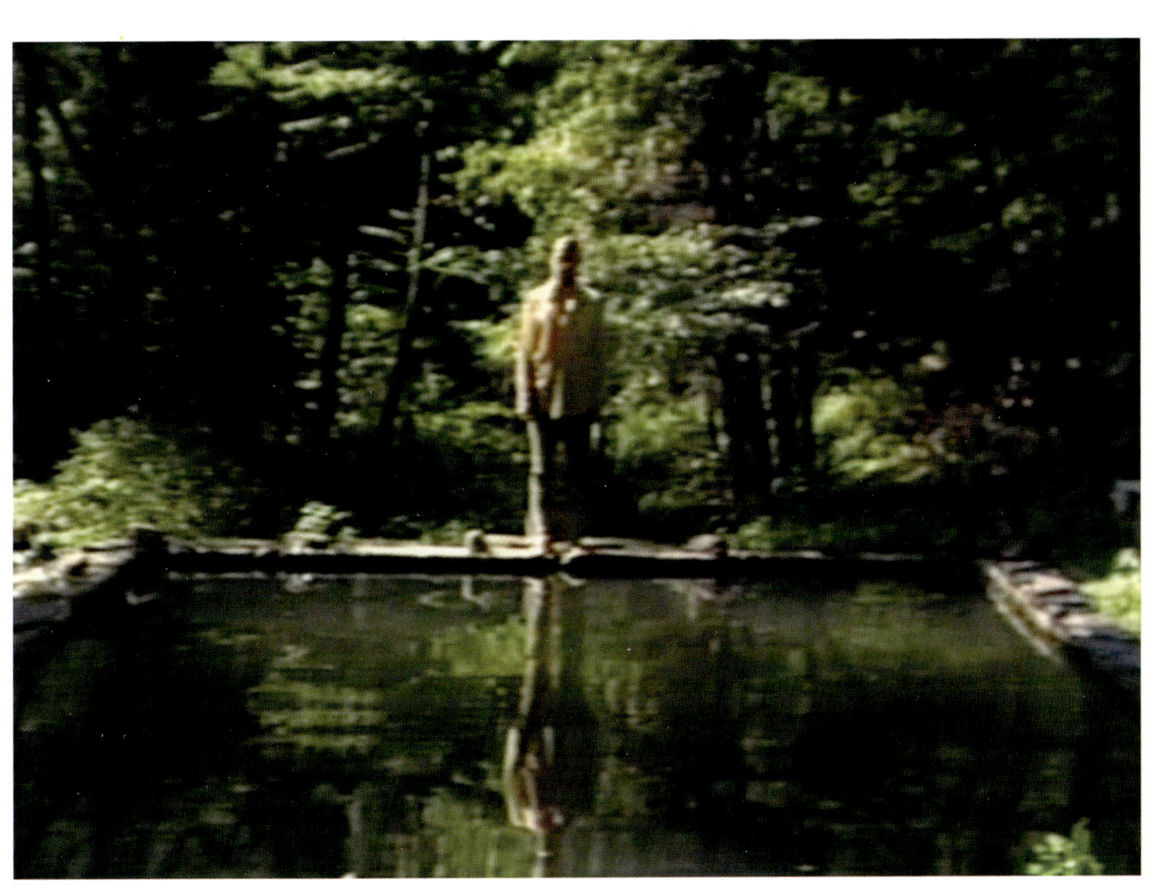

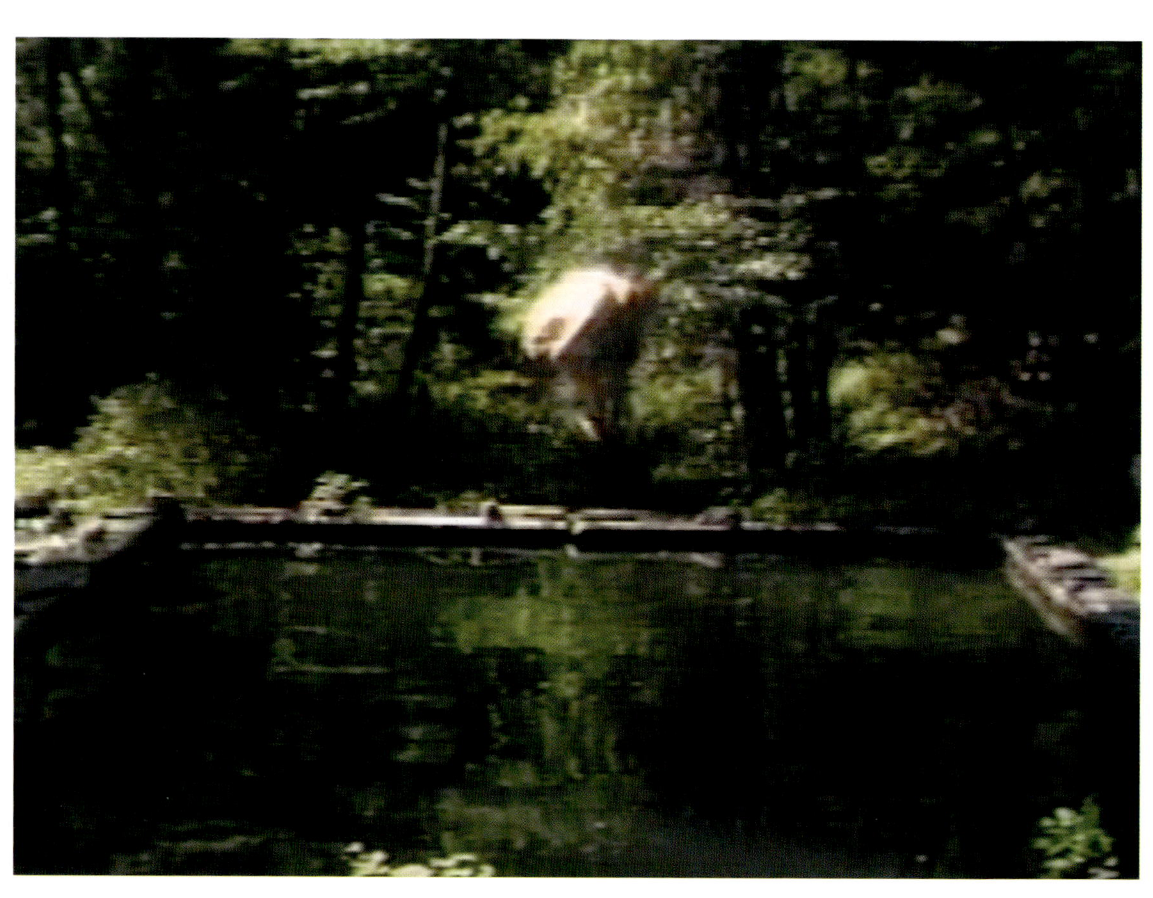

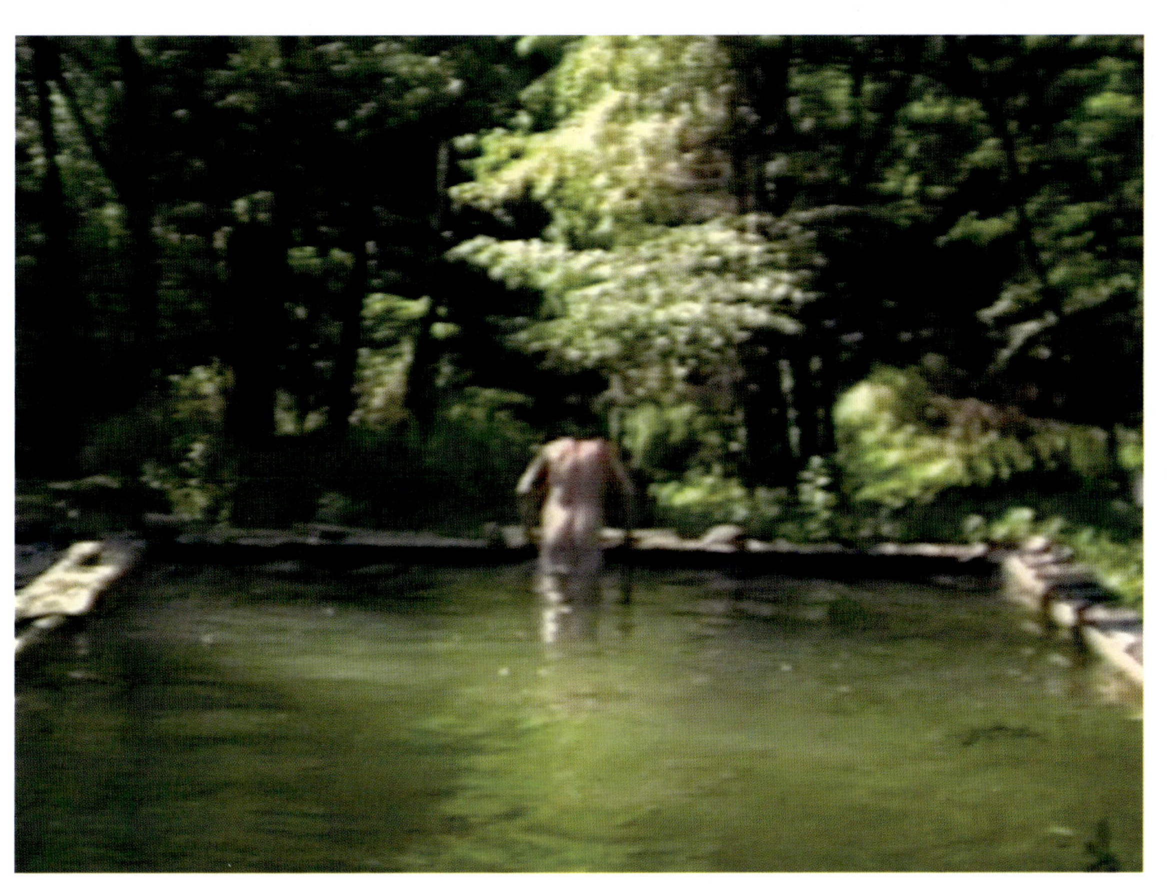

THE SLEEPERS, 1992

Video installazione
Sette canali di immagini video in bianco e nero su sette piccoli monitor, ognuno immerso sul fondo di un barile 208,19 litri in metallo bianco riempito d'acqua
3.7 x 6.1 x 7.6 m (12 x 20 x 25 ft), dimensioni della stanza
Esecuzione continua

Video installation
Seven channels of black-and-white video images on seven small monitors, each submerged on the bottom of a 55 gallon white metal barrel filled with water
3.7 x 6.1 x 7.6 m (12 x 20 x 25 ft), room dimensions
Continuous running

Sette fusti di metallo da 208,19 litri, dipinti di bianco e privi di coperchio, sono collocati in un ambiente buio. L'unica luce nella stanza è il tenue bagliore azzurrognolo proveniente dai bidoni pieni d'acqua fino all'orlo. Sul fondo di ogni bidone c'è un monitor acceso con immagini in bianco e nero: ecco la fonte della luce azzurra. I cavi elettrici collegati ai monitor emergono dal bordo superiore dei bidoni e attraversano il pavimento. Sugli schermi si vedono i volti in primo piano di persone addormentate. Un protagonista diverso per ogni bidone; le immagini sono vere registrazioni di gente che dorme, proposte senza interruzioni e con interventi di montaggio ridotti al minimo. Di tanto in tanto gli addormentati si muovono o cambiano posizione, ma non si svegliano, rimanendo isolati nei loro monitor sott'acqua.

Seven 55 gallon metal barrels stand in a darkened room. They are white inside and out and are open at the top. The only light in the room is a soft bluish glow emerging from each barrel and diffused throughout the room. The barrels are filled to the brim with water. At the bottom of each one under the water is a black and white video monitor facing straight up, the source of the blue light. Video and power cables for the monitor are visible as they emerge from the floor and enter the water over the top rim of each barrel. On each screen is a close-up of a person's face while asleep. There is an image of a different person in each barrel, actual recordings of people sleeping presented continuously with little or no editing. Occasionally, the sleepers move or shift position, but they remain asleep, isolated from each other on their individual screens beneath the water.

B.V.

Particolare dell'opera / detail of the work

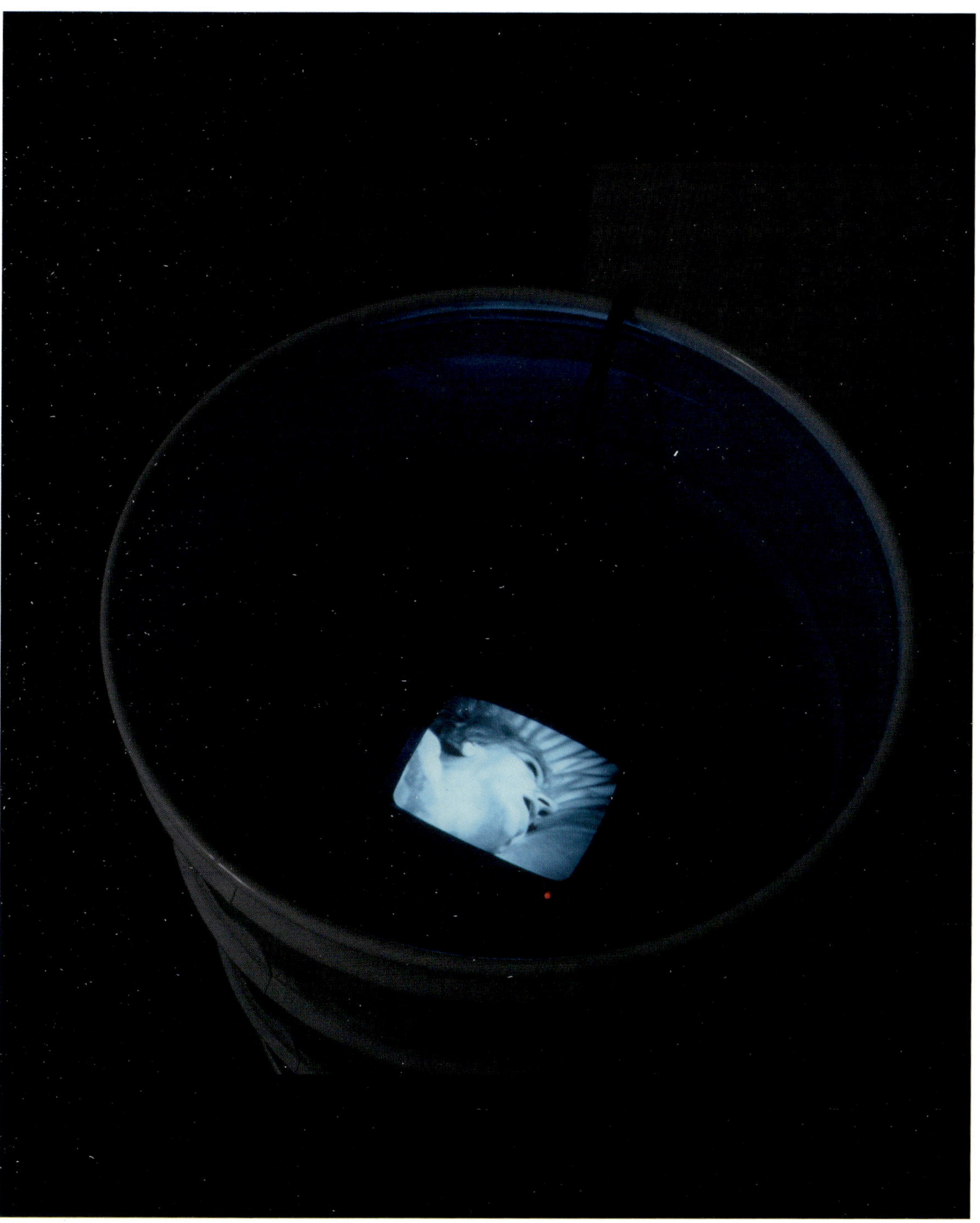

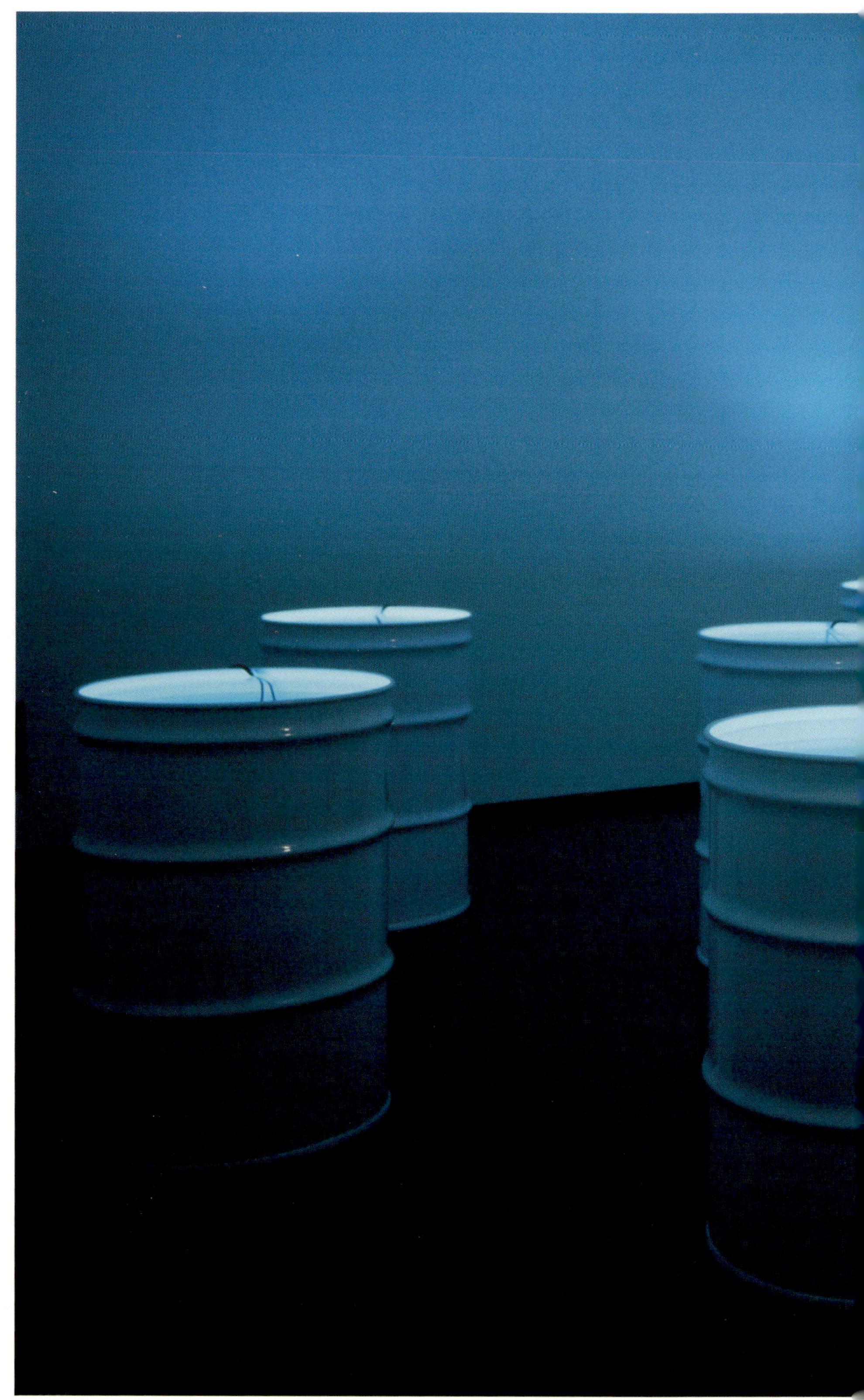

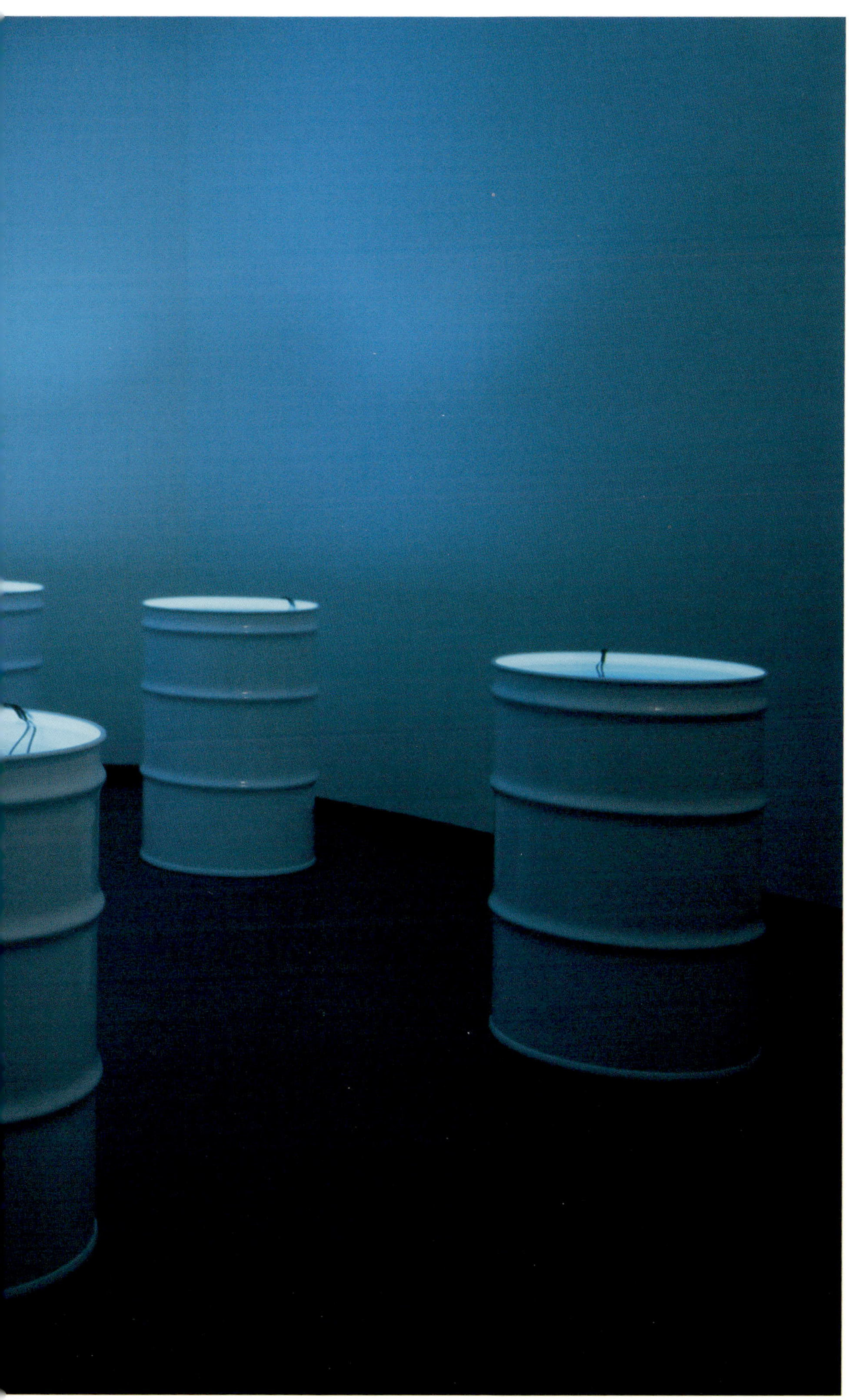

NANTES TRIPTYCH, 1992

Tre canali di proiezione video a colori; pannello centrale anteriore proiettato su 3,2 x 4,2 m (10 ft 6 in x 13 ft 3 in) tela traslucida, due pannelli laterali posteriori proiettati su schermi 3,2 x 2,7 m (10 ft 6 in x 7 ft 6 in) montati sulla parete in una grande stanza buia; suono stereo amplificato, due canali audio mono amplificati
4.6 x 9.7 x 16.8 m (15 x 32 x 55 ft), dimensioni della stanza
29:46 minuti

Three-channels of color video projection; central panel front-projected onto 3.2 x 4.2 m (10 ft 6 in x 13 ft 3 in) translucent scrim, two side panels rear-projected onto 3.2 x 2.7 m (10 ft 6 in x 7 ft 6 in) screens; mounted onto wall in large, dark room; amplified stereo sound; two channels of amplified mono sound
4.6 x 9.7 x 16.8 m (15 x 32 x 55 ft), room dimensions
29:46 minutes

Video a colori su tre canali proiettato su entrambi i lati di uno schermo, in forma di trittico: pannello centrale in tela trasparente montato di fronte a una stanza vuota e chiusa; due "ali" laterali in materiale per retroproiezione; suono stereo amplificato; suono mono amplificato a due canali.

I tre grandi pannelli su cui sono proiettate le immagini video formano un trittico ispirato a quelli delle pale d'altare. Il riquadro di sinistra mostra l'immagine di una giovane donna nell'atto di partorire; quello di destra una donna anziana in punto di morte. Entrambi sono documenti autentici.

Nel pannello centrale c'è l'immagine di un uomo vestito che si muove sott'acqua alternando fasi di turbolenza a momenti di ondulante immobilità. La figura è sospesa in uno spazio vuoto, illuminata da una luce fredda. Il pannello è realizzato con una tela di garza traslucida, così gran parte della luce può attraversarla e passare in uno spazio separato e inaccessibile, formando un'indistinta velatura luminosa appena visibile dietro e attraverso la superficie dello schermo. L'immagine del corpo sott'acqua ondeggia a mezz'aria, concreta e immateriale al tempo stesso, fragile e sospesa di fronte a uno spazio vago e indistinto, in bilico tra nascita e morte.

Three channels of color front and rear video projection, in triptych form; central panel of scrim material mounted in front of an empty enclosed room, adjoining "wing" panels of rear screen material; amplified stereo sound; two channels of amplified mono sound.

Three large-scale panels of projected video images form a configuration based on the triptych altarpiece form. The left panel shows an image of a young woman in the process of giving birth. The right panel shows an image of an old woman in the process of dying. Both are documents of actual events.

On the central panel, an image of a clothed man underwater is seen moving through alternate stages of turbulence and undulating stillness. The figure is suspended in a void, illuminated in stark light. This panel is made of a translucent cloth scrim material, allowing much of the image's light to pass through into a separate inaccessible space, forming an indistinct luminous cloud just visible behind and through this screen surface. The projected image of the body underwater hovers in midair, part material, part immaterial, held in fragile suspension before an indistinct, shadowy space, suspended between birth and death.

B.V.

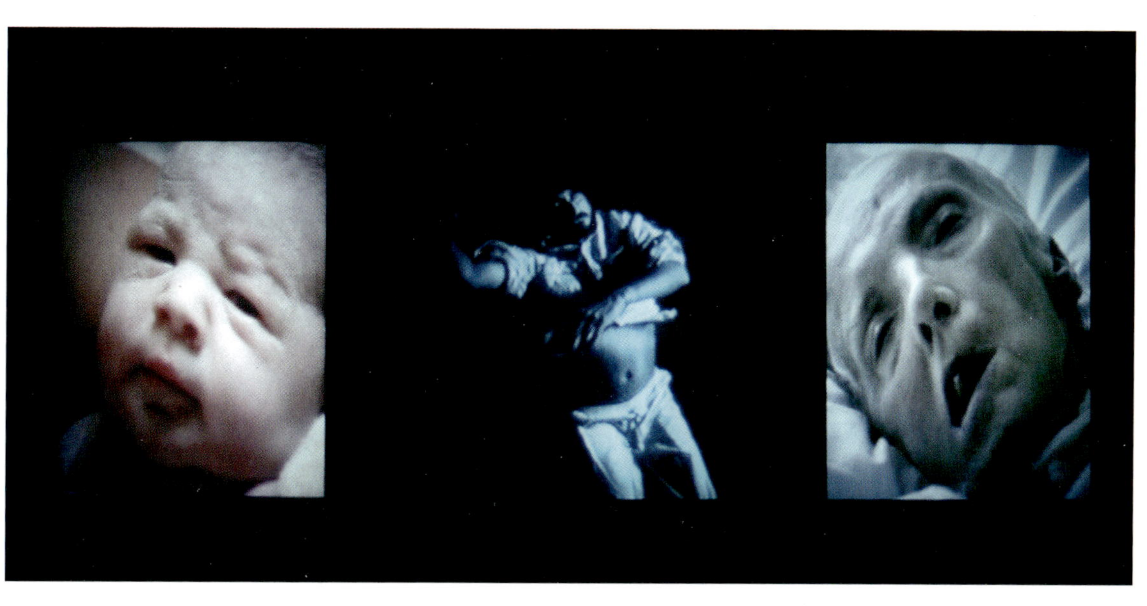

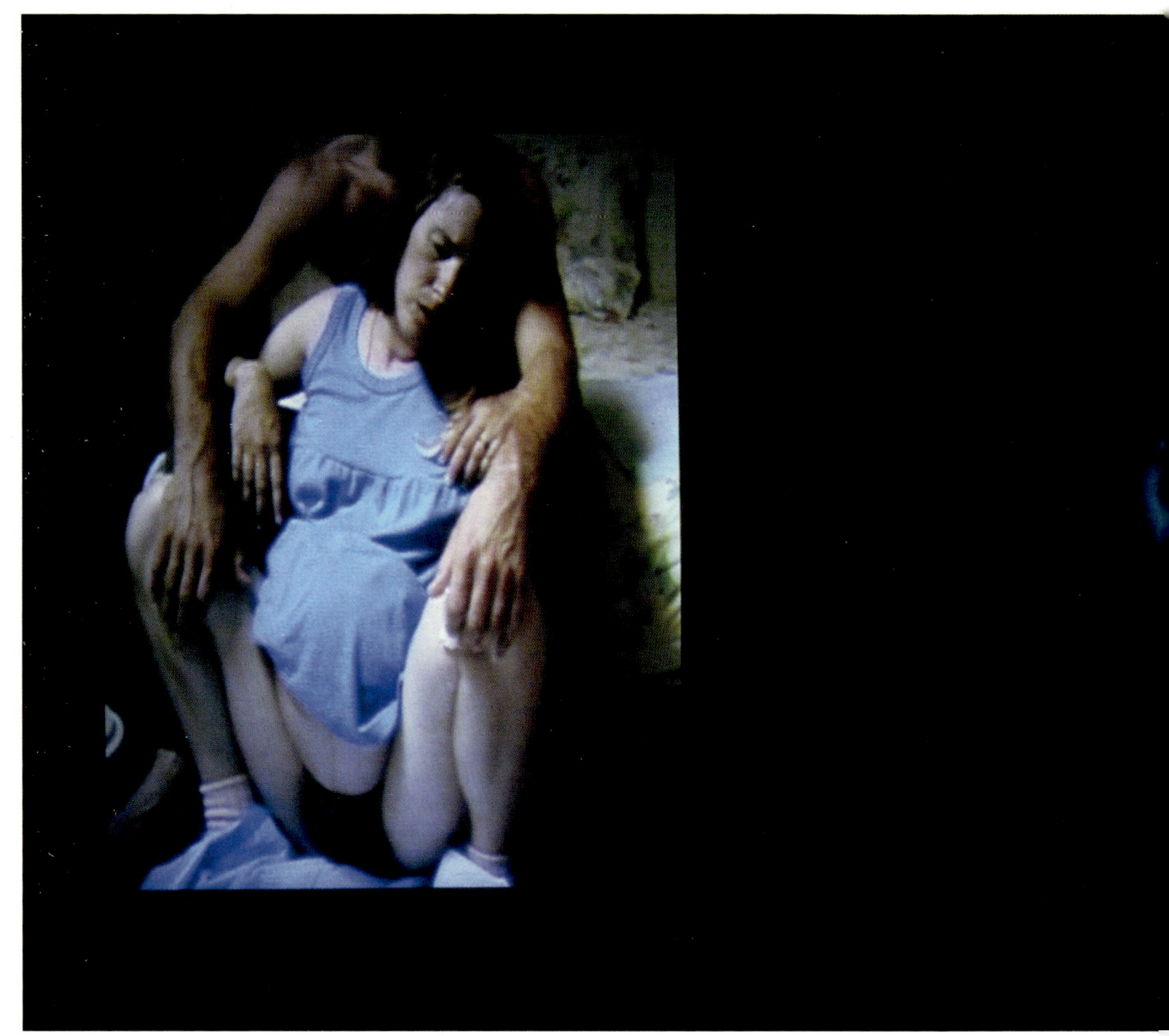

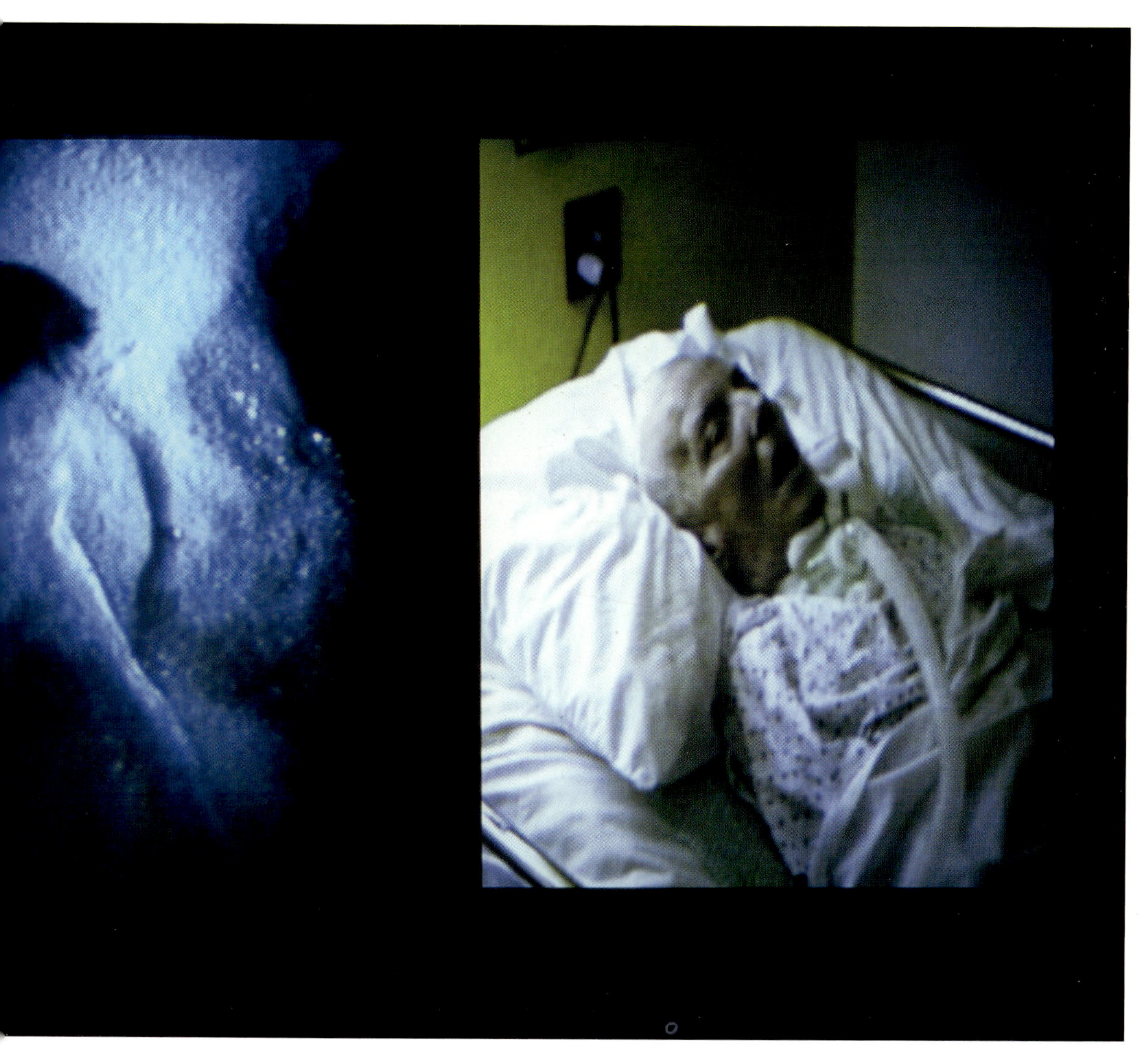

ETERNAL RETURN, 2000

Due canali di video a colori su due schermi al plasma montati in verticale, uno sopra l'altro sulla parete con due altoparlanti
207,65 x 63,82 x 15,56 cm (81 x 25 1/8 x 6 1/8 in)
6:30 minuti

Two channels of color video on two plasma displays mounted vertically, one over the other on wall with two speakers
207.65 x 63.82 x 15.56 cm (81 x 25 1/8 x 6 1/8 in)
6:30 minutes

Eternal Return descrive una transizione tra due mondi - uno esterno e uno interno, il mondo di tutti i giorni e il mondo nascosto, la vita e la morte - e quanto sia facile per lo spirito scivolare da uno stato dell'essere all'altro. Il capovolgimento delle immagini fa riferimento a un'ascesa trascendente o a un tipo di trasformazione positiva, che si oppone ai concetti comunemente associati alla caduta o alla discesa che verrebbero in mente se le immagini fossero "dritte". L'inversione è dunque fondamentale nell'opera e bisognerebbe sempre assicurarsi che sia rispettata.
L'immagine di un uomo che cade e colpisce l'acqua che compare sullo schermo in basso è stata registrata su pellicola 35mm durante le riprese di *The Arc of Ascent* (1992). In quell'occasione Viola utilizzava per la prima volta una telecamera ad alta velocità. L'immagine dello schermo in alto è stata registrata in Betacam digitale (PAL) nel settembre 1999 in una piscina, e faceva parte del materiale preparatorio di un'opera intitolata *The World of Appearances* (2000).

Eternal Return describes a transition between two worlds—the outer world and the inner world, the daily world and the hidden world, life and death—and how effortless it is for the spirit to slide between these states of being. The inversion of the images in *Eternal Return* implies a transcendent ascension or uplifting type of transformation, as opposed to more common associations of downfall or descent that might be made if the images were presented "upright." This inverted orientation is therefore critical to the work and special attention should always be paid to insure that it is maintained.
The image on the lower screen, of a man falling in mid-air and hitting the water, was recorded on 35mm film while shooting footage for *The Arc of Ascent* (1992), and was the artist's first use of a 35mm high-speed camera. The image on the upper screen was recorded on PAL Digital Betacam in September 1999 in a swimming pool and was part of a larger series of recordings made in preparation for a work titled *The World of Appearances* (2000).

B.V.

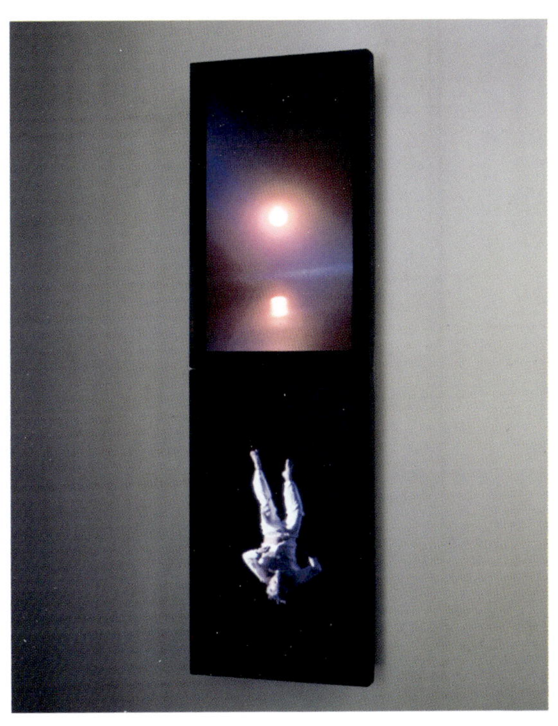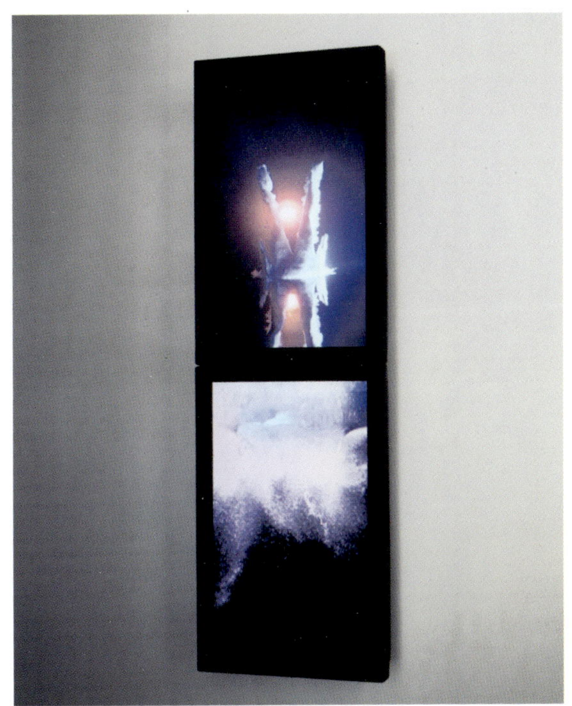

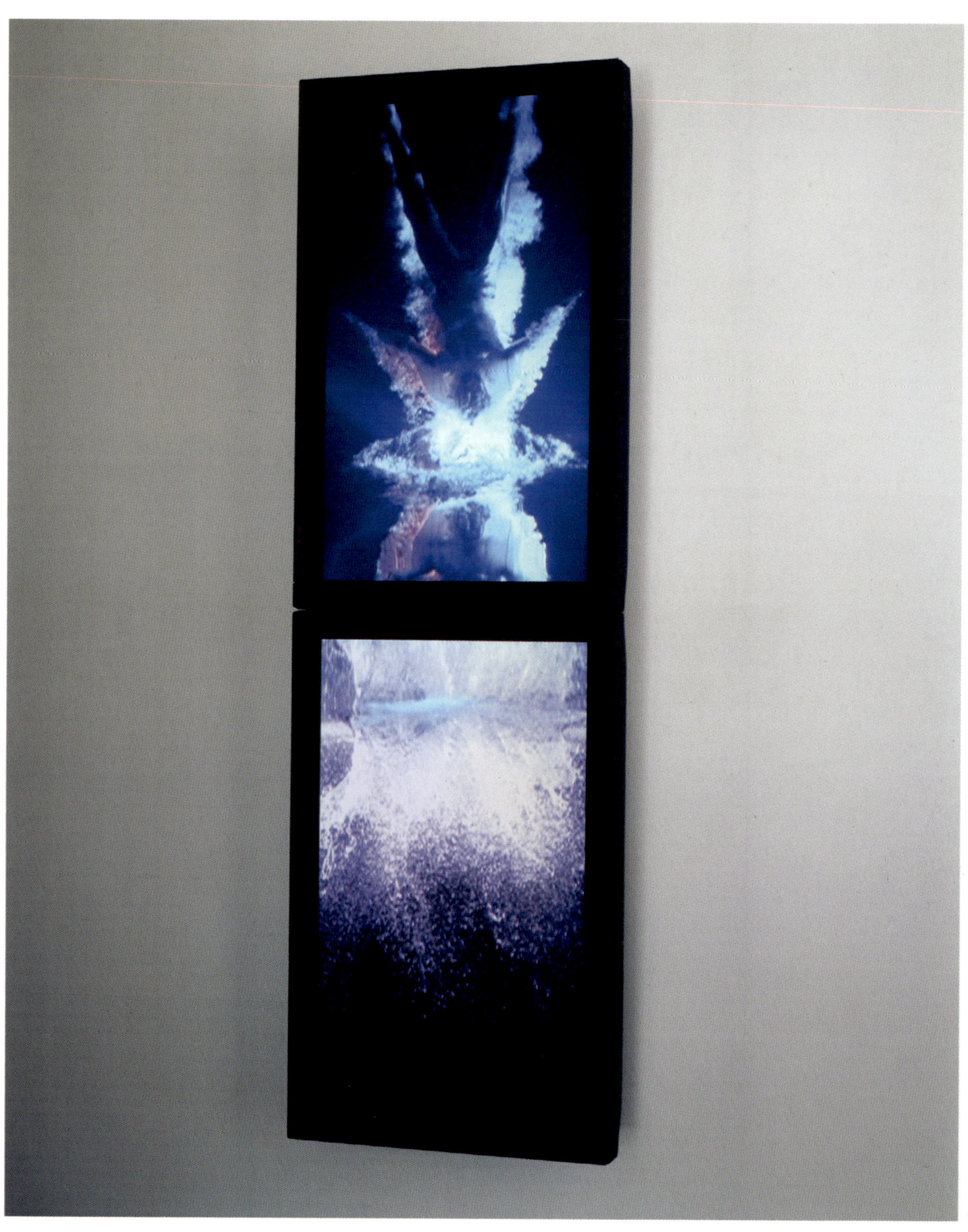

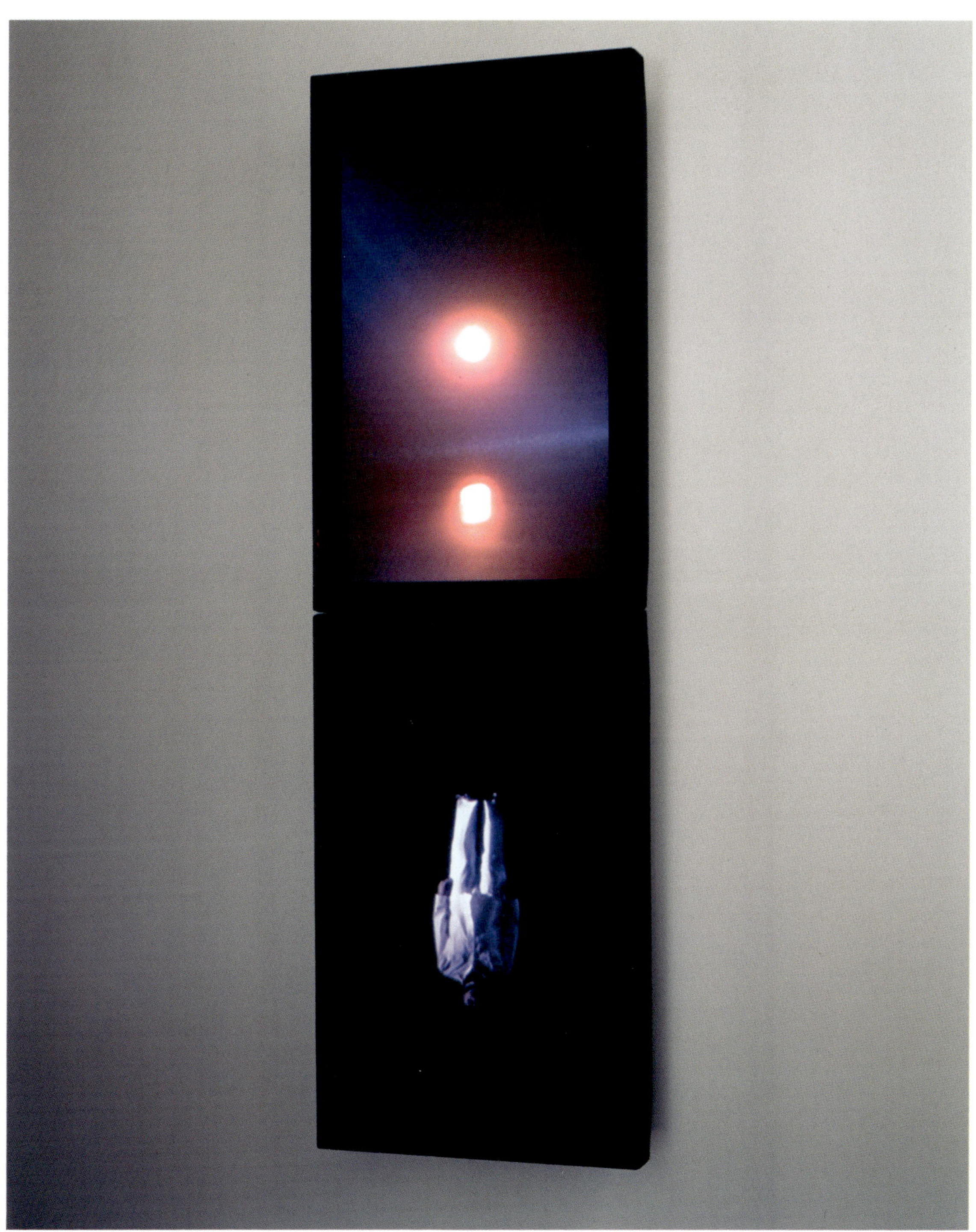

EMERGENCE, 2002

Video installazione
Retroproiezione video a colori ad alta definizione su schermo 200 x 200 cm (78 x 78 in) montato su parete in camera oscura
Dimensioni della stanza variabili
11:40 minuti

Video Installation
Color High-Definition video rear projection on screen 200 x 200 cm (78 x 78 in) mounted on wall in dark room
Room dimensions variable
11:40 minutes

Due donne sedute ai lati di una vasca di marmo in un piccolo cortile aspettano pazientemente in silenzio, e solo di tanto in tanto sembrano accorgersi l'una della presenza dell'altra. In questo tempo sospeso e indeterminato, le ragioni e gli scopi delle loro azioni rimangono misteriosi. La loro veglia viene all'improvviso interrotta da un presentimento. La donna più giovane si gira di scatto e guarda la vasca. Incredula, vede emergere la testa di un uomo giovane; poi appare tutto il corpo, mentre l'acqua si rovescia fuori dalla vasca, spargendosi sul basamento e sul pavimento del cortile.
L'acqua che fuoriesce attira l'attenzione della donna più anziana, che si volta per assistere all'evento miracoloso e si alza in piedi affascinata dalla visione. La più giovane afferra un braccio dell'uomo e lo accarezza come se stesse salutando un amore perduto. Dopo essersi alzato in piedi, il corpo pallido dell'uomo barcolla e cade. La donna più anziana lo prende tra le braccia e con l'aiuto dell'altra tenta faticosamente di adagiarlo per terra. L'uomo giace prono e senza vita, coperto da un telo. L'anziana gli culla la testa sulle ginocchia e scoppia a piangere, mentre la più giovane, sopraffatta dall'emozione, lo abbraccia teneramente.

Two women are sitting on either side of a marble cistern in a small courtyard.
They wait patiently in silence, only occasionally acknowledging each other's presence. Time becomes suspended and indeterminate, the purpose and destination of their actions unknown. Their vigil is suddenly interrupted by a premonition. The younger woman abruptly turns around and stares at the cistern. She watches in disbelief as a young man's head appears, and then his body rises up, spilling water over the sides and out onto the base and the courtyard floor.
The cascading water catches the older woman's attention, and she turns to witness the miraculous event. She stands up, drawn by the young man's rising presence. The younger woman grasps his arm and caresses it as if greeting a lost lover. When the young man's pale body reaches its fullest extension, he totters and falls. The older woman catches him in her arms, and with the help of the younger woman, they struggle to lower him gently to the ground. Lying prone and lifeless, he is covered by a cloth. Cradling his head on her knees, the older woman finally breaks down in tears as the younger woman, overcome with emotion, tenderly embraces his body.

B.V.

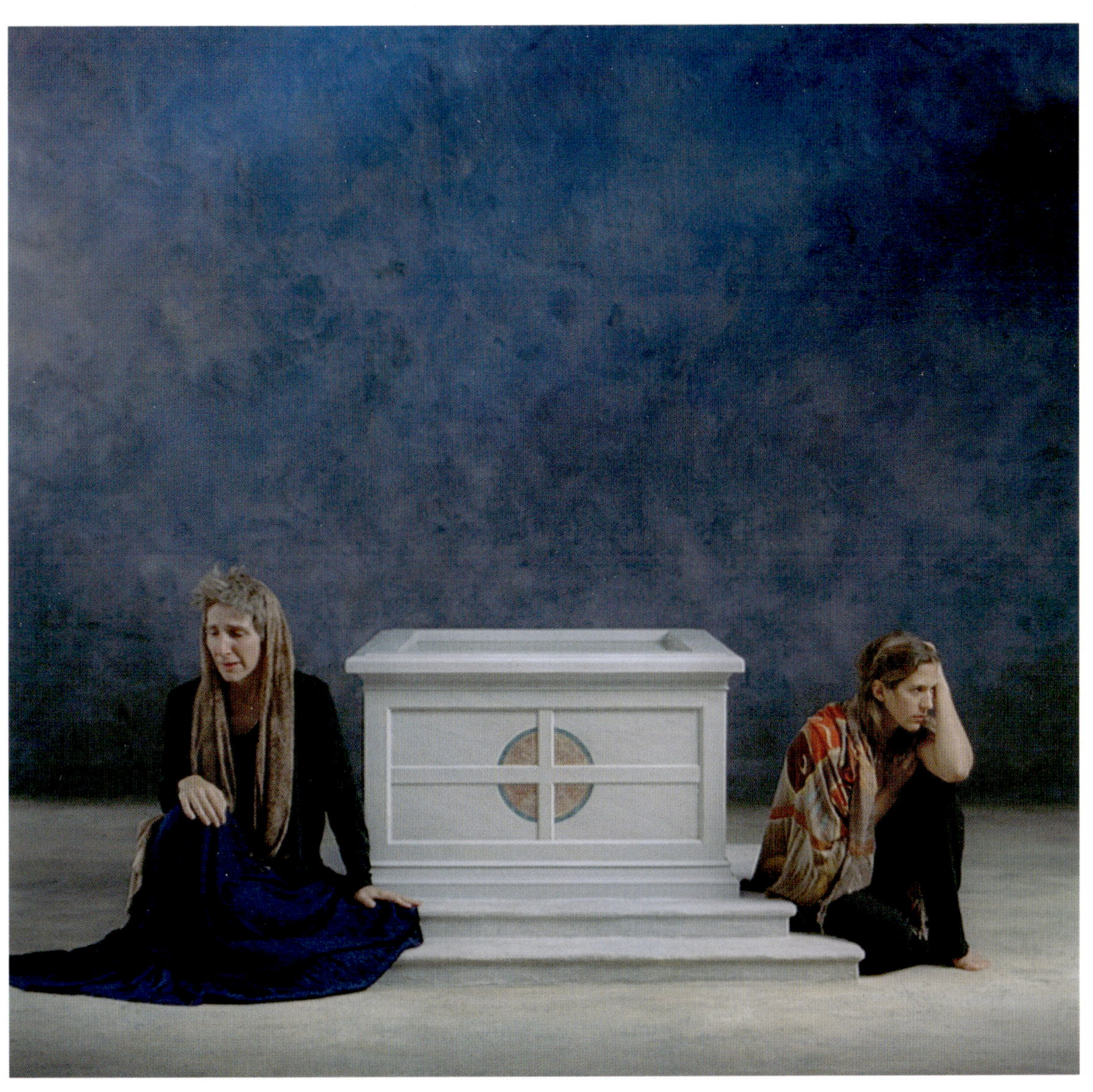

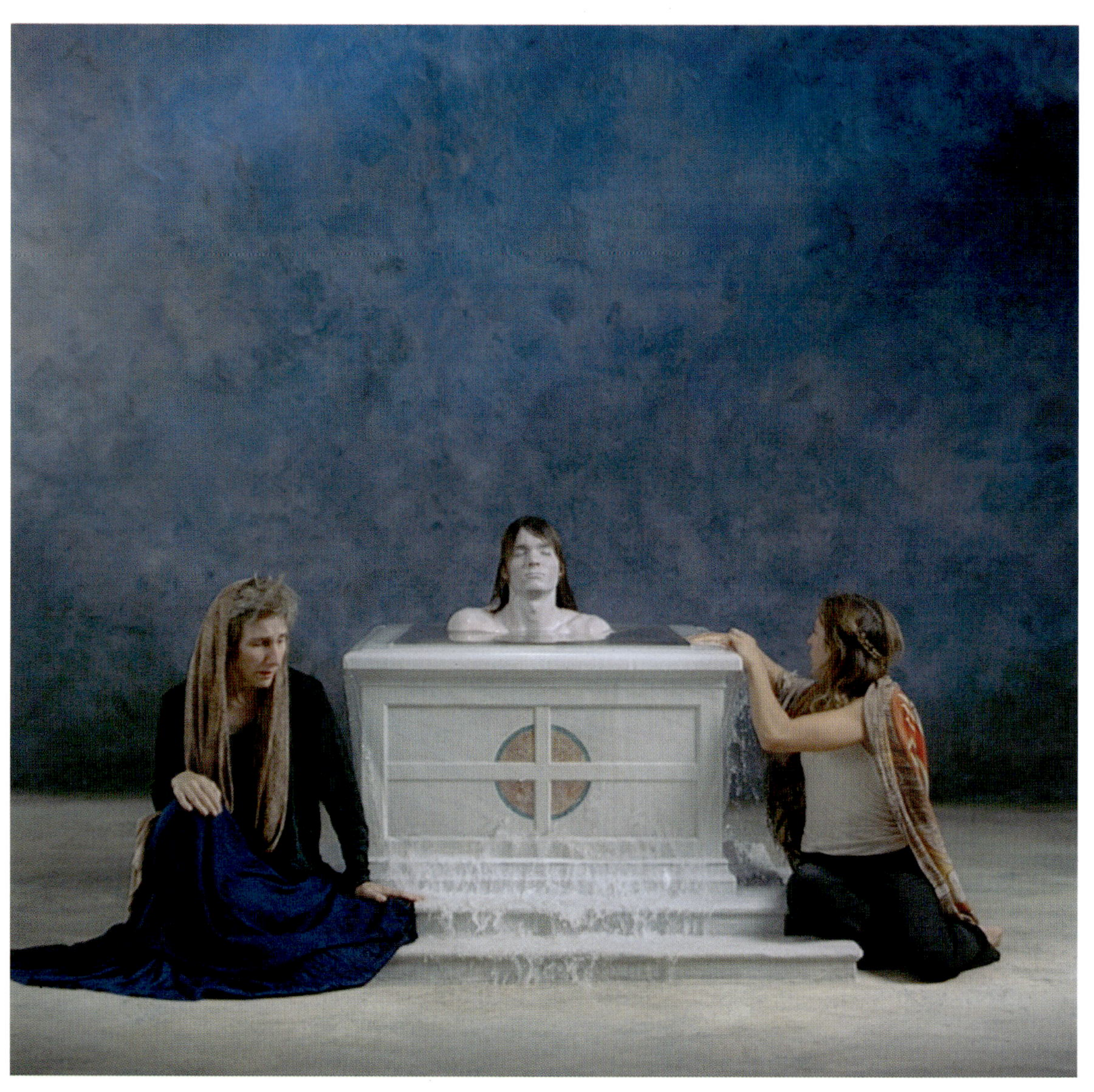

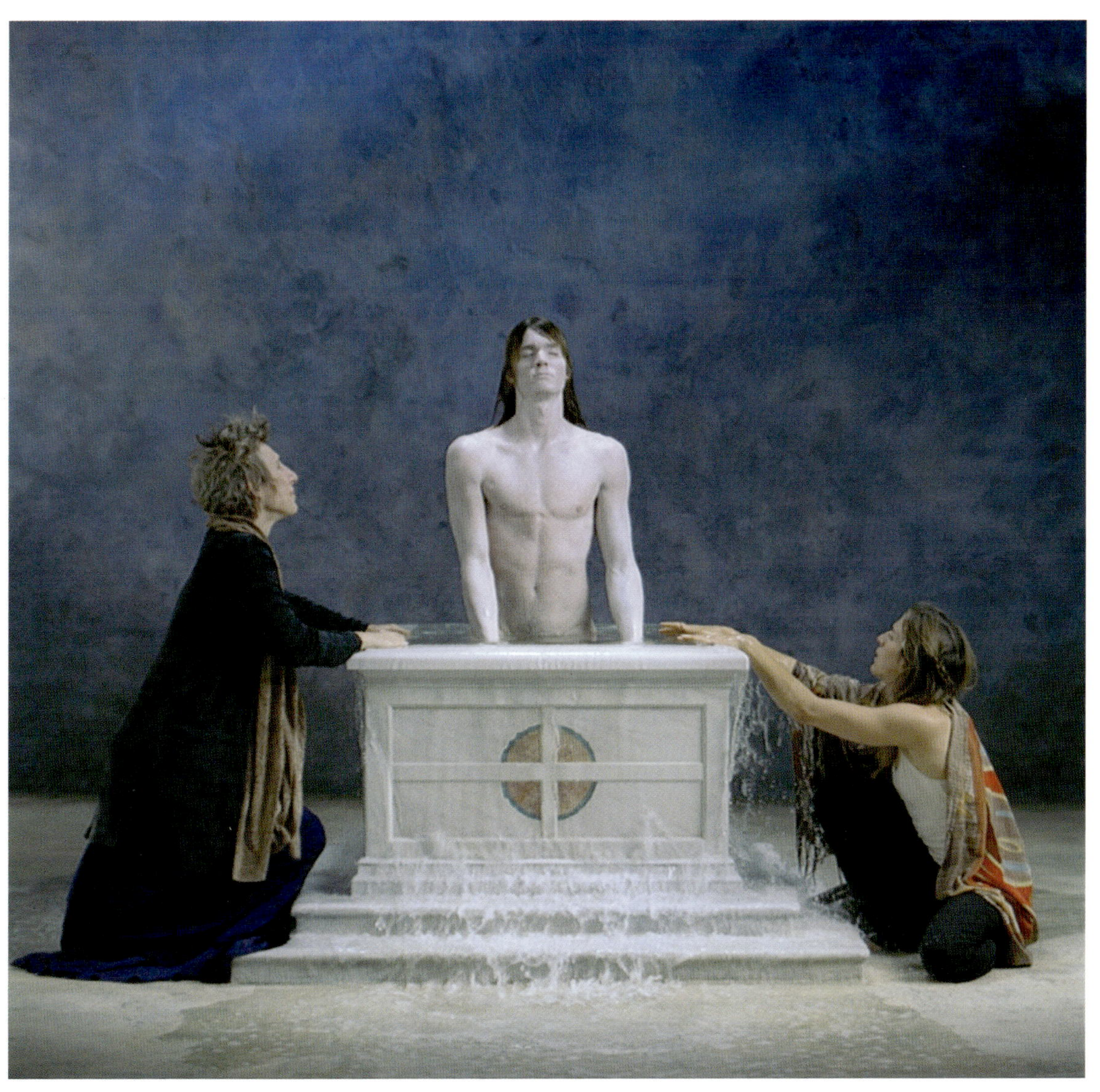

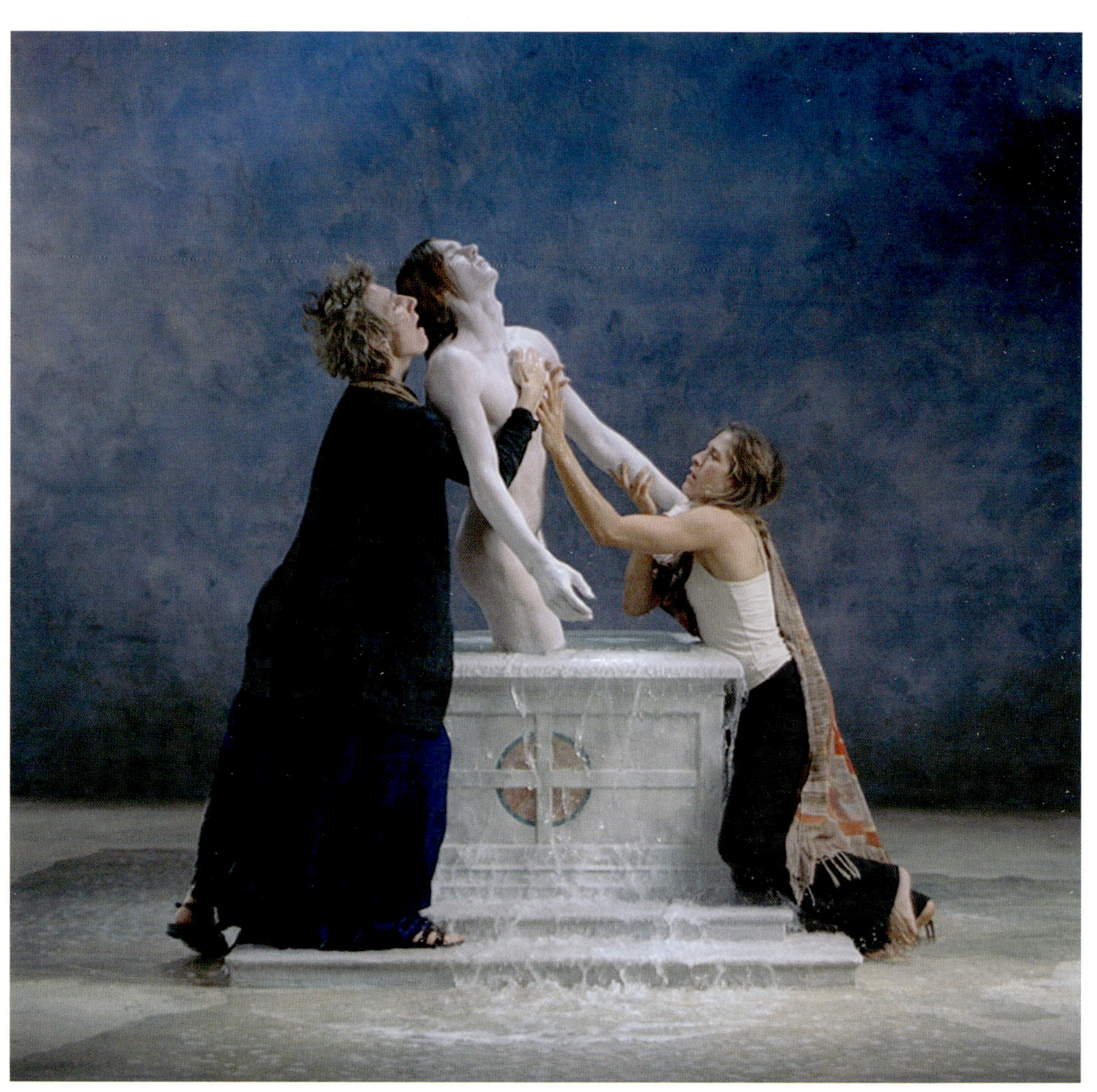

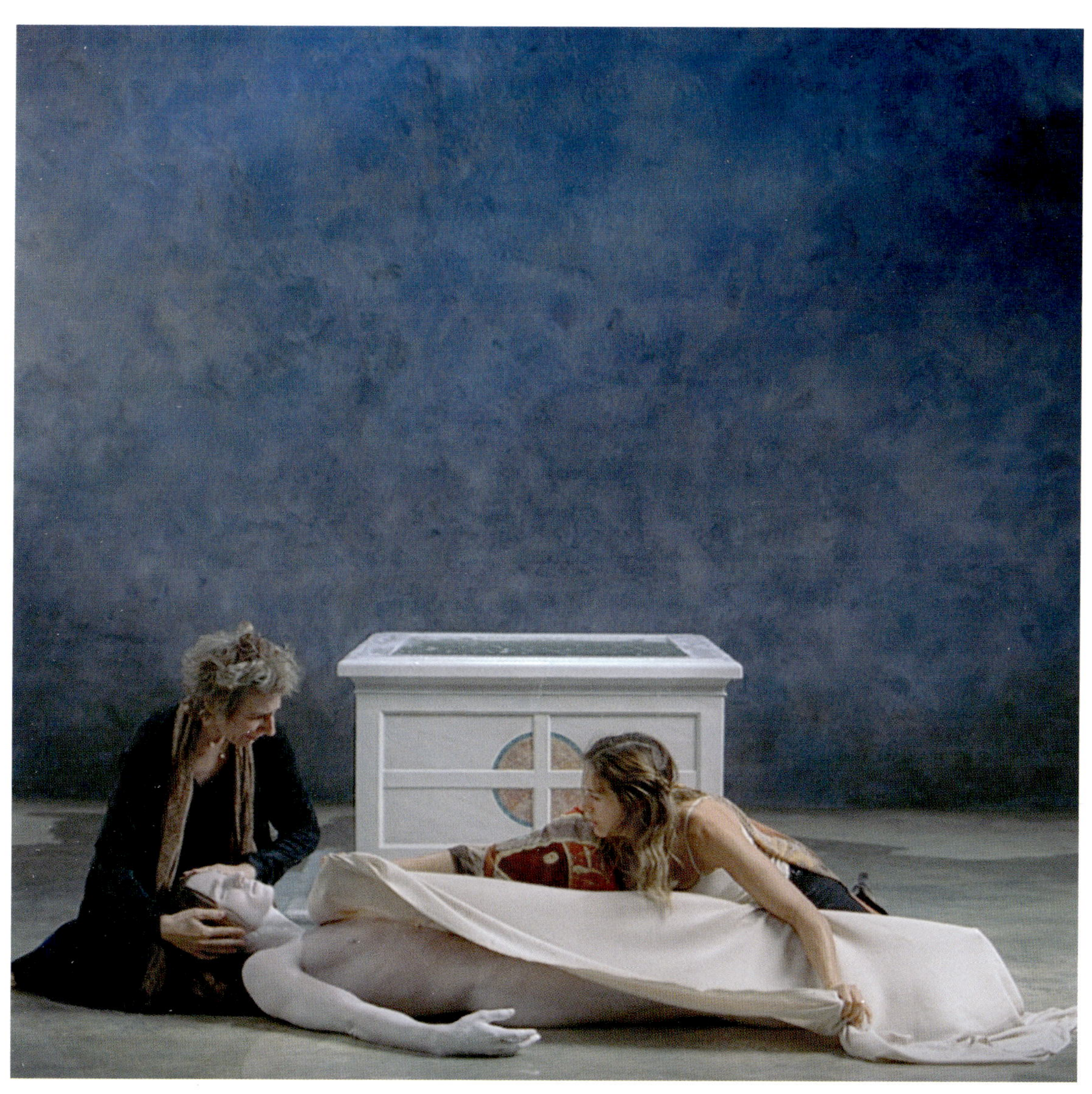

THE DARKER SIDE OF DAWN, 2005

Proiezione di video a colori 5.8 x 3.3 m (19 ft x 12 ft 8 in) su parete in camera oscura
Dimensioni della stanza variabili
60 minuti

Color video projection 5.8 x 3.3 m (19 ft x 12 ft 8 in) on wall in dark room
Room dimensions variable
60:00 minutes

Il video *The Darker Side of Dawn* è uno studio su una vecchia quercia che domina una collina nella zona a nord di Los Angeles. Una telecamera fissa ha registrato per diversi giorni i minimi cambiamenti di colore e intensità della luce naturale dal mattino a notte fonda. Le riprese sono state montate in un video time-lapse sul trascorrere continuo del tempo, che documenta il lento procedere dall'alba alla notte senza movimenti apparenti di luce o di ombre. Le sottili variazioni di luce e colore sono percepite più che viste ed è solo l'occasionale folata di vento che scuote i rami ad animare in modo evidente l'albero. L'opera mostra il passaggio ciclico dalla notte all'alba e di nuovo fino alla notte e gli estremi di luce e buio tra un ciclo e l'altro.

The Darker Side of Dawn is a study of an old California oak tree on a hillside in the mountains north of Los Angeles from the first light of dawn to full sunlight and beyond. A fixed camera registered the subtle shifts of color and luminosity of the changing natural light from daylight to complete darkness over several days. The recordings were edited to create a condensed time-lapse document of the continuous passage of time at dawn, moving slowly into night, with the goal that there be no apparent movement of light or shadow visible. The changing illumination and subtle shifts of color in the image are felt rather than seen, and it is only the occasional gust of wind through the branches that visibly animates the tree. The work continuously cycles from night to dawn to night, and in between each cycle the extremes of light and dark are attained.

B.V.

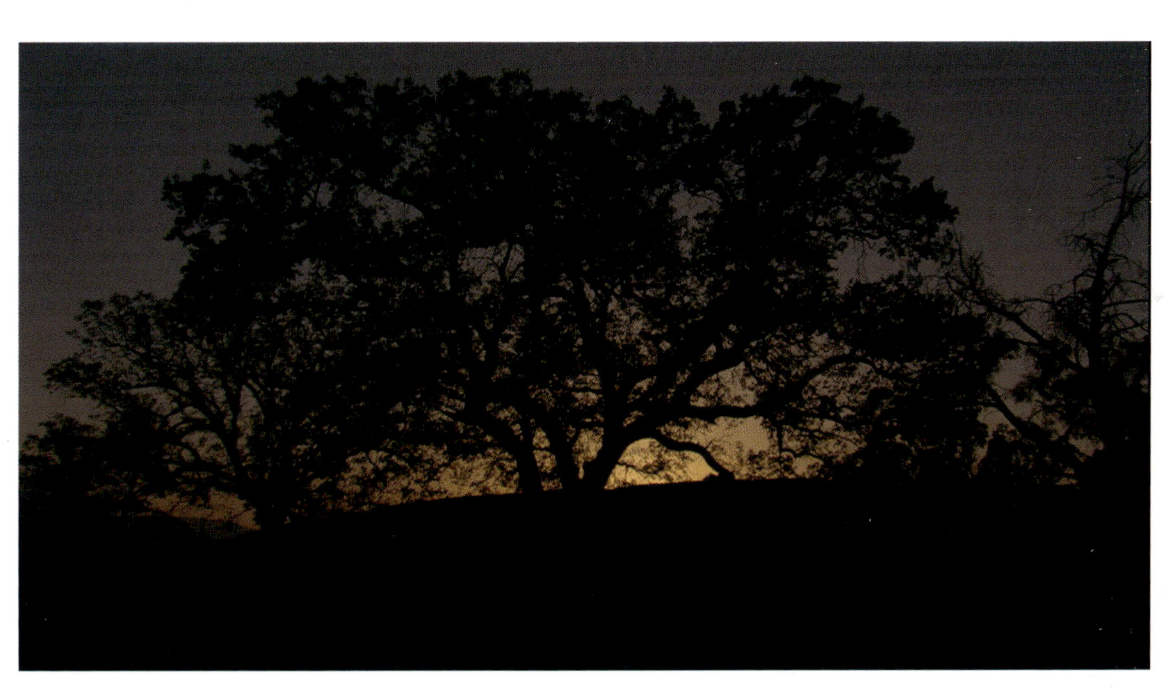

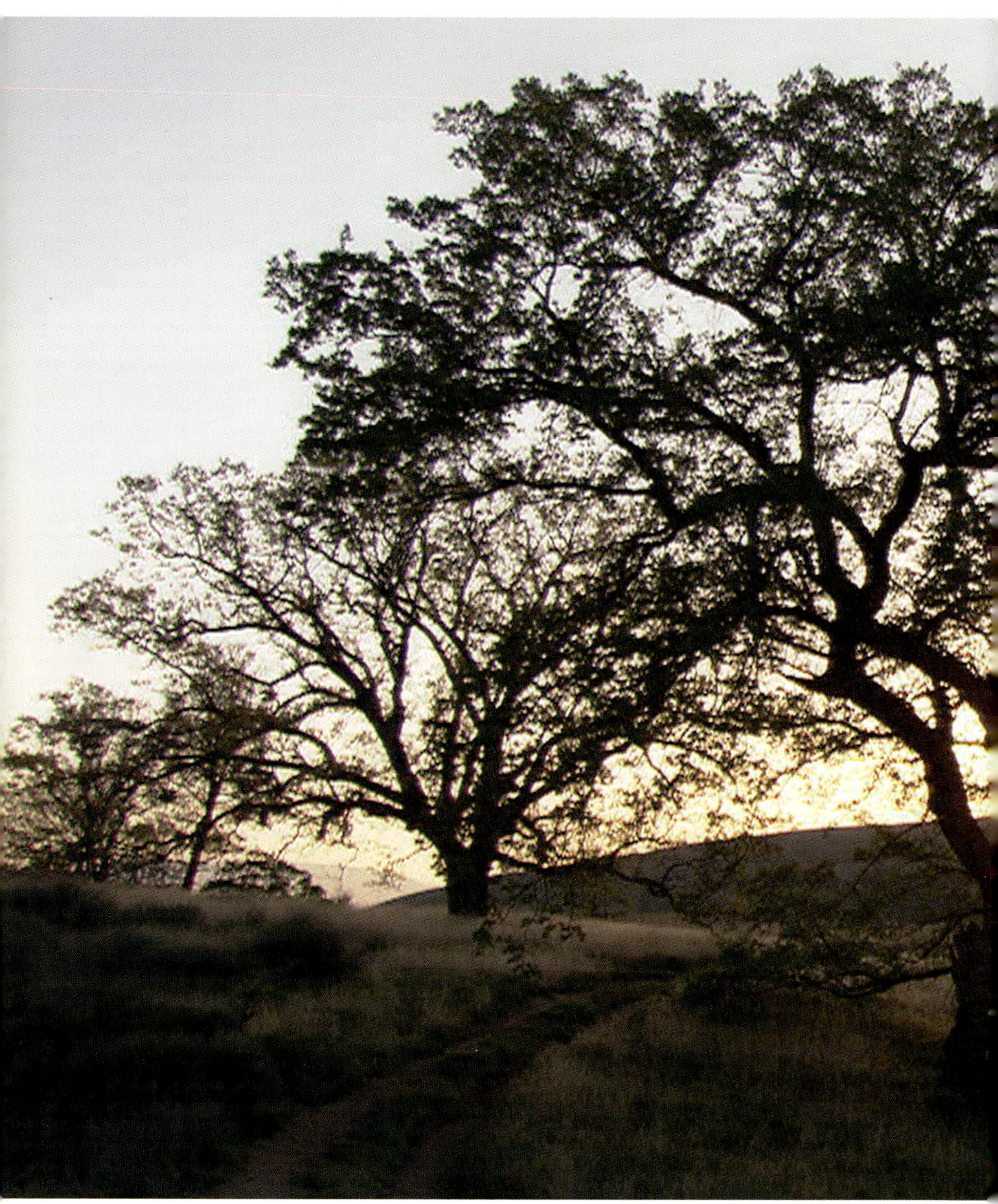

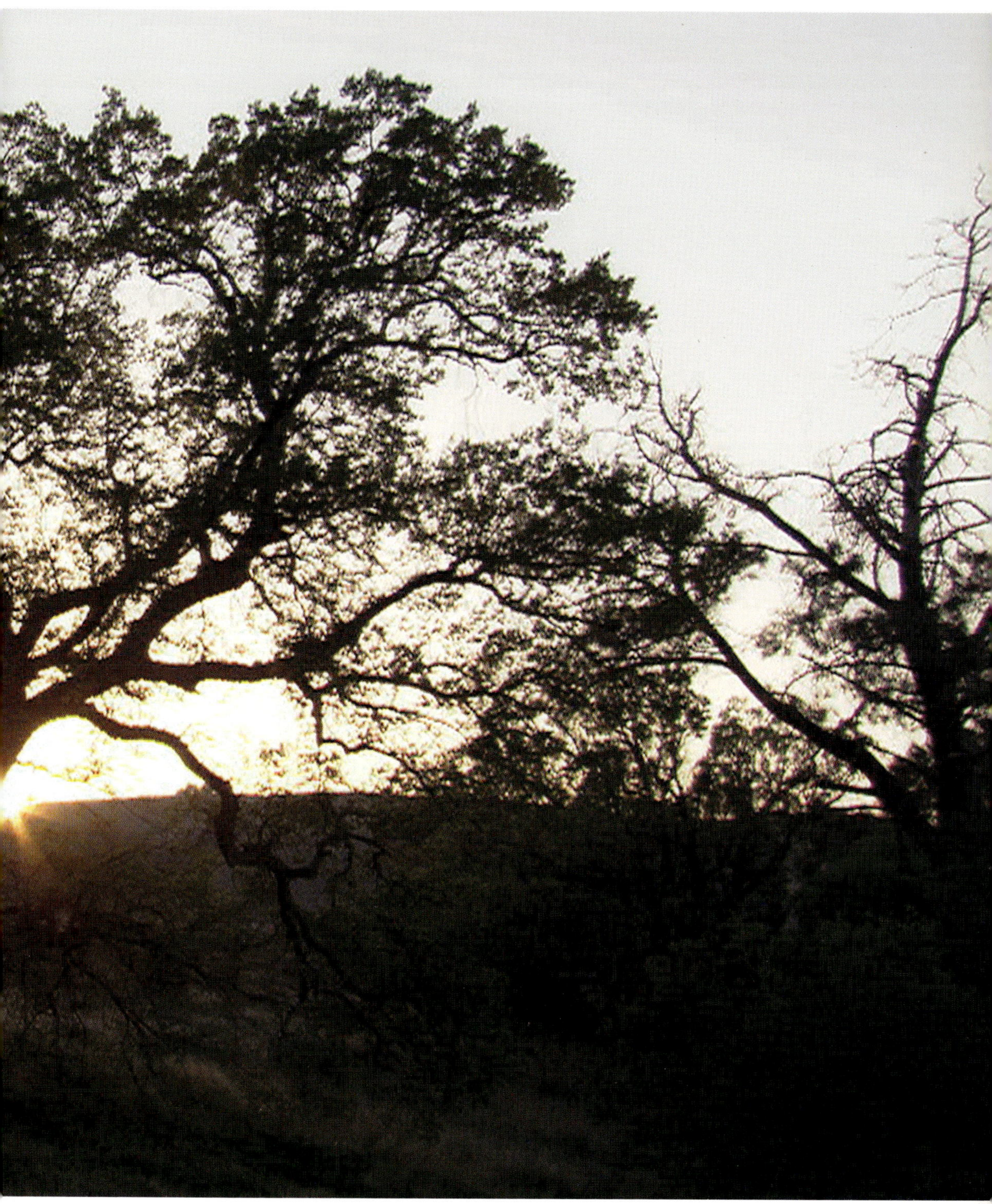

PASSAGE INTO NIGHT, 2005

Video a colori ad alta definizione su display al plasma montato su parete
121 x 72.5 cm (47.6 x 28 1/2 in)
50:14 minuti

Color High-Definition video on plasma display mounted on wall
121 x 72.5 cm (47.6 x 28 1/2 in)
50:14 minutes

Passage into Night documenta il lento ma costante avvicinarsi di una figura femminile che cammina nel deserto sotto la luce calda e abbagliante del sole di mezzogiorno. La minuscola forma, che in un primo tempo appare come un miraggio, diventa sempre più grande fino a quando risulta chiaro che si tratta di una persona che viene verso di noi attraversando un paesaggio desolato. Il calore opprimente disturba e deforma l'aria e di conseguenza anche la figura che avanza inesorabile sembra ondeggiare e flettersi. Col passare del tempo si delineano i lineamenti del viso e i particolari della donna, la cui identità rimane comunque un mistero. Per cinquanta minuti la figura si avvicina fino a quando la sua veste scura riempie totalmente lo schermo, coprendo il paesaggio. Davanti ai nostri occhi rimangono soltanto impercettibili motivi blu scuro che poi lasciano il posto al nero. Il video non ha sonoro ed è proiettato su uno schermo al plasma da 50 pollici montato su parete.

Passage into Night documents the continuous approach of a female figure across a desert plain in the harsh light and heat of the midday sun. Beginning as an apparition within a mirage, the tiny form gradually grows in size until it becomes apparent that a person is walking towards us from out of the barren landscape. The air is distorted and disturbed by the extreme heat, and this causes the figure to undulate and flutter as she travels inexorably closer. Over time, the features and details of the woman are revealed, although her identity remains a mystery. For 50 minutes she approaches closer and closer until her dark robes completely fill the screen, obscuring the natural landscape and filling our view with subtly shifting patterns of dark blue and finally, black. The work is silent and the image is displayed on a 50-inch plasma display mounted to the wall.

B.V.

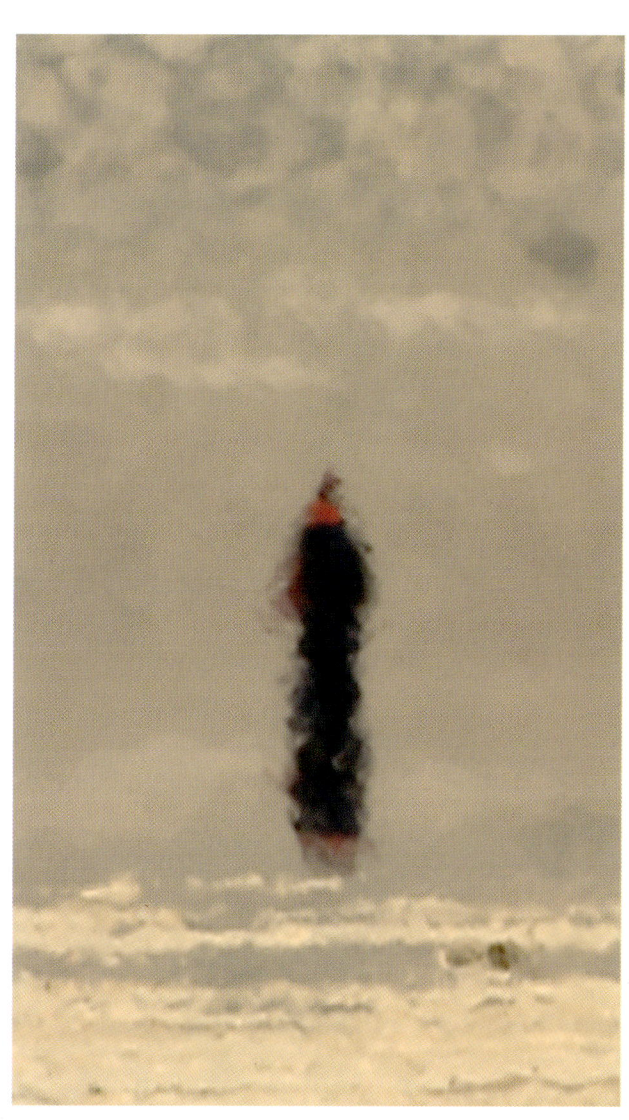

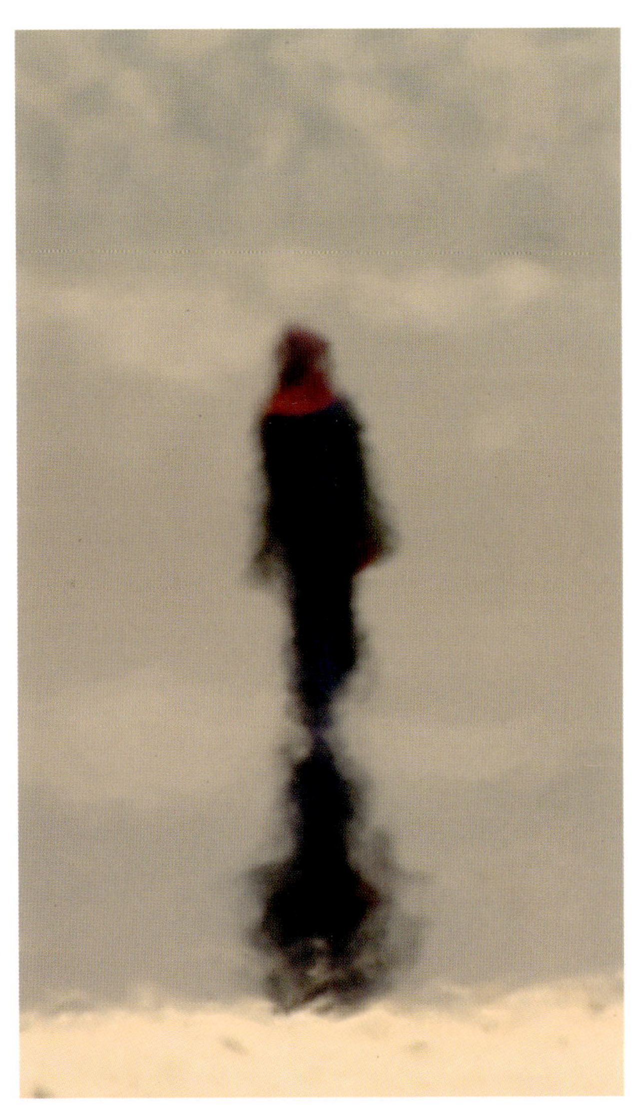

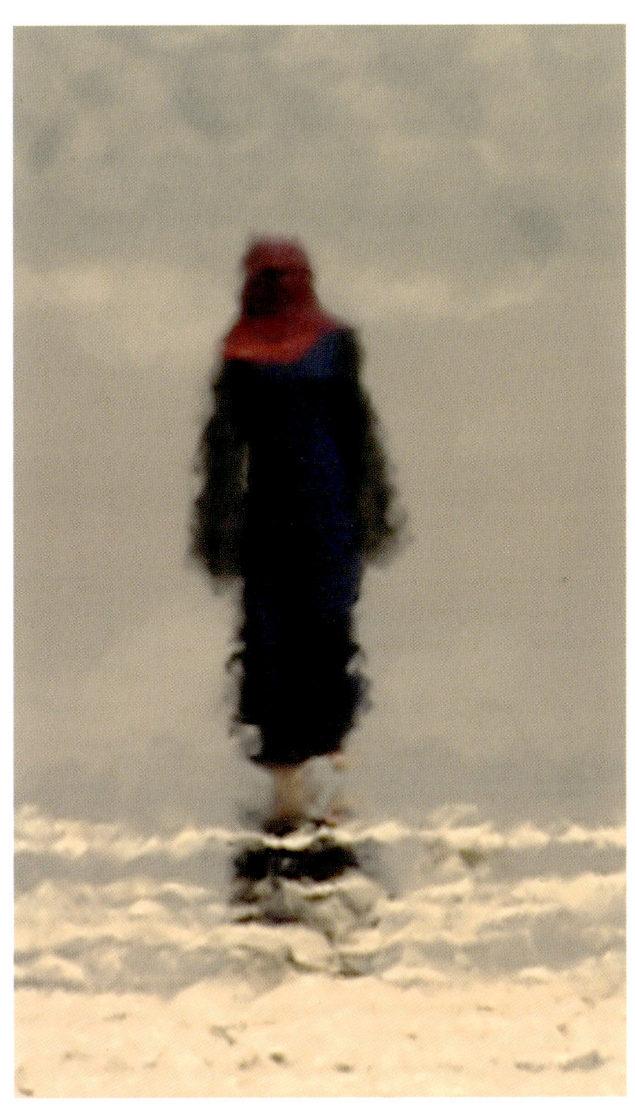

ABLUTIONS, 2005

Dittico a colori su schermi al plasma montati verticalmente su parete
101.5 x 122 x 10.8 cm (40 x 48 x 4 ¼ in)
7:01 minuti

Color video diptych on plasma displays mounted vertically on wall
101.5 x 122 x 10.8 cm (40 x 48 x 4 ¼ in)
7:01 minutes

Il lavaggio delle mani ha una funzione importante in tutte le cerimonie e il suo fine ultimo è la purificazione. L'azione rallentata di una donna e di un uomo che si lavano le mani sotto un getto d'acqua scintillante diviene un'affascinante preparazione alla meditazione.

The cleansing of hands is an important function of all ceremonies and purification is the goal. The slowed down action of a woman and a man washing their hands under a stream of glistening water becomes a mesmerizing preparation for meditation.

B.V.

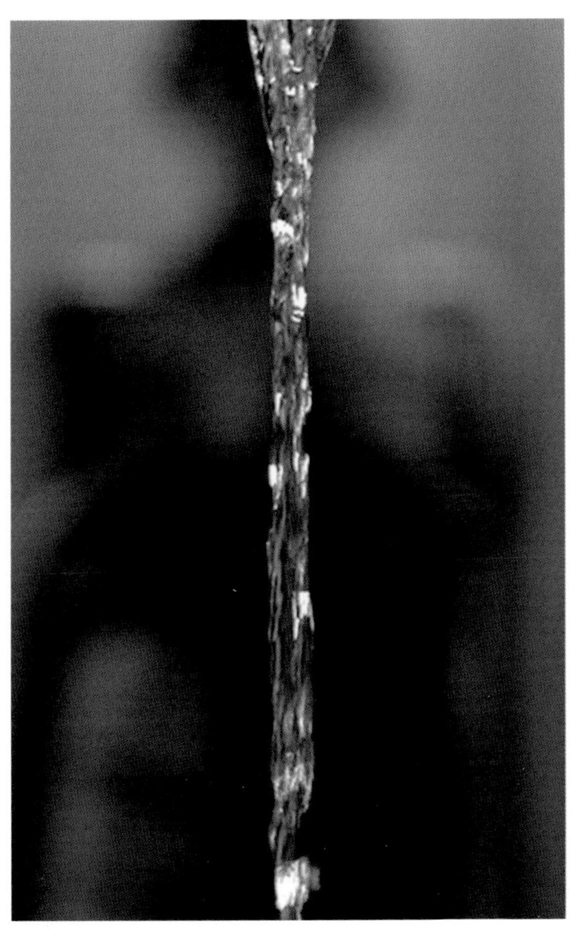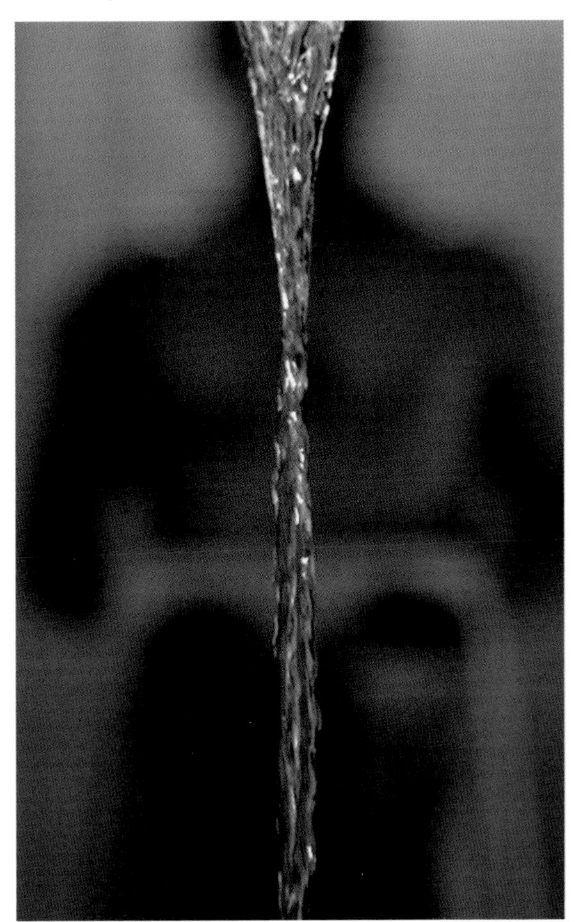

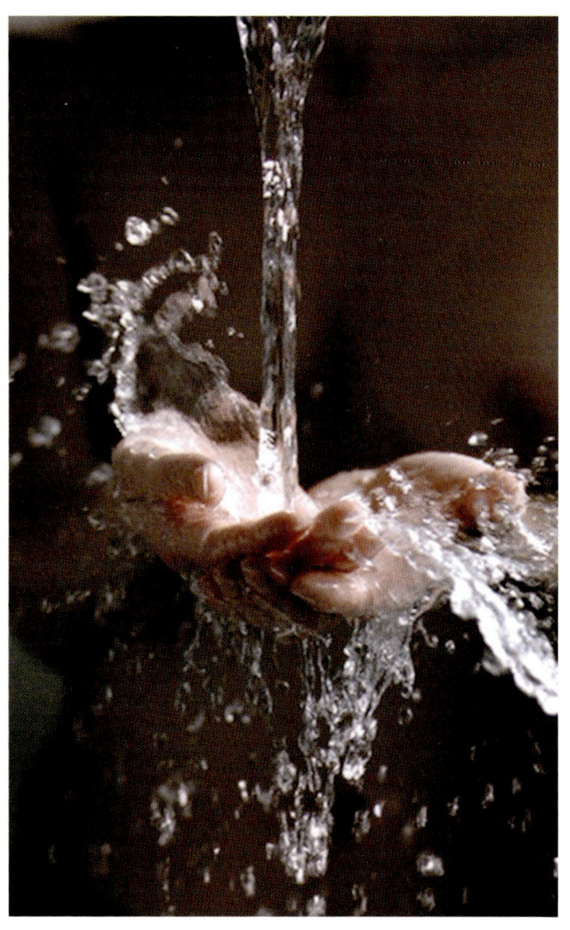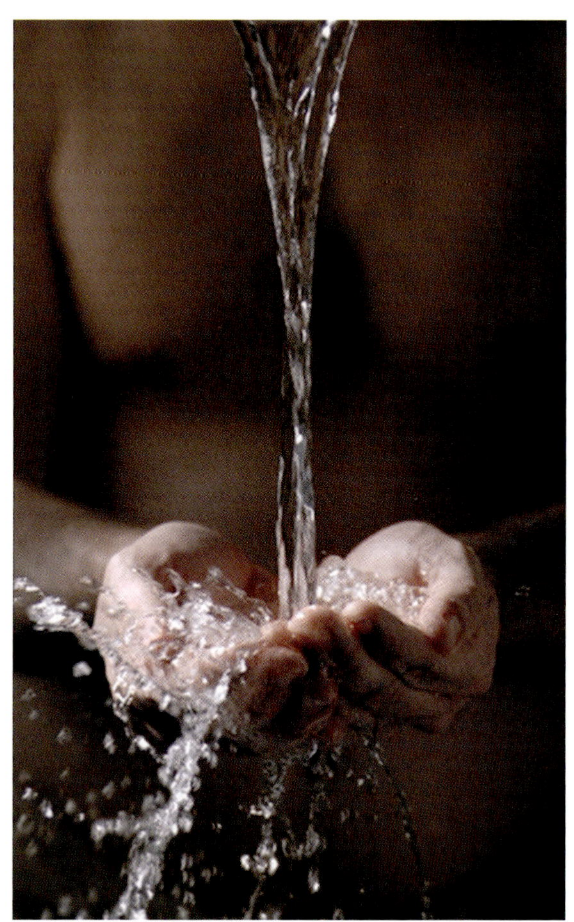

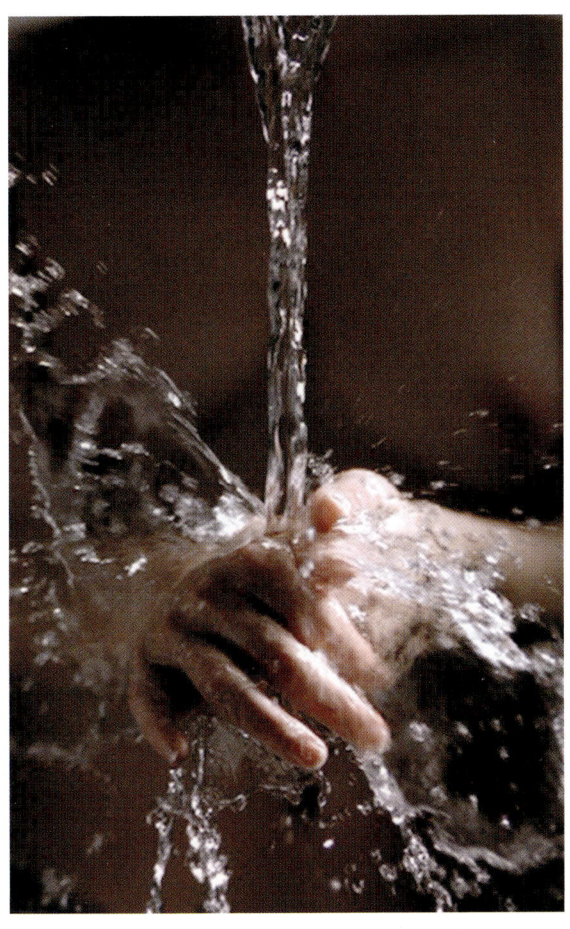
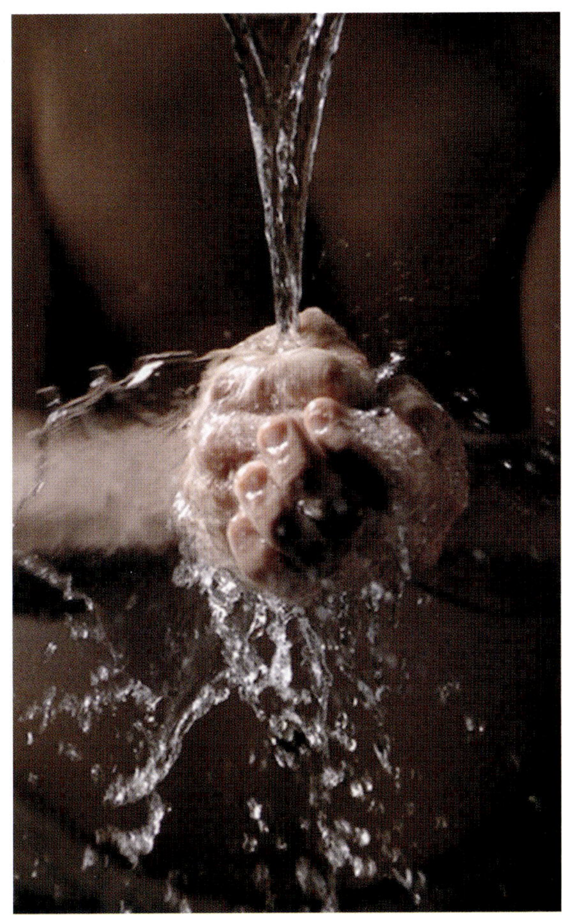

POEM B (THE GUEST HOUSE), 2006

Trittico a colori e in bianco e nero su schermi LCD montati su parete
35,5 x 63 x 8,9 cm (14 x 24 4/5 x 35 in)
Durata 20 minuti e 38 secondi

Color and black-and-white video triptych on LCD flat panels mounted on wall
35.5 x 63 x 8.9 cm (14 x 24 4/5 x 35 in)
20:38 minutes

Il trittico proiettato su schermi piatti adiacenti si intitola *Poem B (The Guest House)* e descrive un mondo in cui passato e presente si fondono in un arazzo di ricordi ed emozioni che muta continuamente. Una donna anziana che vive da sola riflette sul proprio passato e sul futuro, mentre suggestioni e ricordi ancora vividi si susseguono con il moto incessante dell'onda che cresce e si ritira nelle stanze vuote e nel giardino deserto della casa della sua infanzia. I resti di una vita sono racchiusi negli oggetti materiali e nelle strutture che la circondano e si fanno depositari della sofferenza della memoria e del dolore sordo delle storie e presenze nascoste che popolano la sua casa.
Fugaci visioni di vite passate e di situazioni presenti continuano ad apparire e scomparire, regalandoci scorci frammentari ed evocativi di un mondo che non svelerà mai del tutto i suoi segreti.

A triptych on three adjoining flat panels, *Poem B (The Guest House)* describes a world where past and present meld into a constantly shifting tapestry of memories and emotions. An older woman living alone reflects on her life past and future, as reminders and vivid recollections continually well up and subside within the empty rooms and garden of her childhood home. We witness the reside of a life in the material objects and structures that surround her, and they provide a repository for the sharp pains of memory and the dull ache of hidden stories and presences that inhabit her house. Glimpses of past lives and present situations continually appear and disappear, giving us fragmentary, suggestive glimpses into a world whose full secrets remain hidden from outside view.

B.V.

Particolare dell'opera / detail of the work

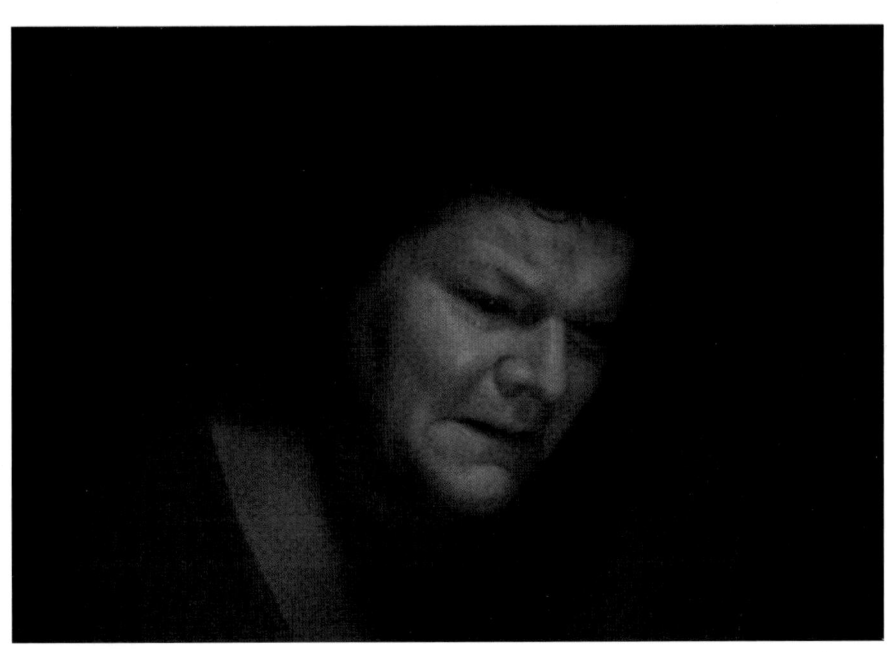

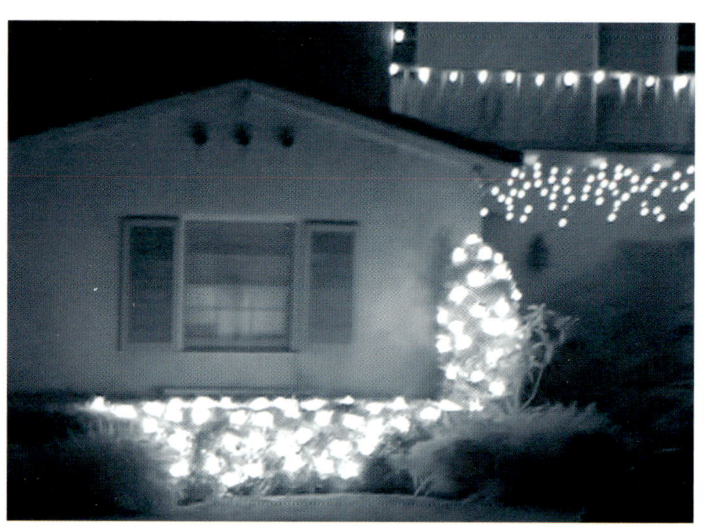

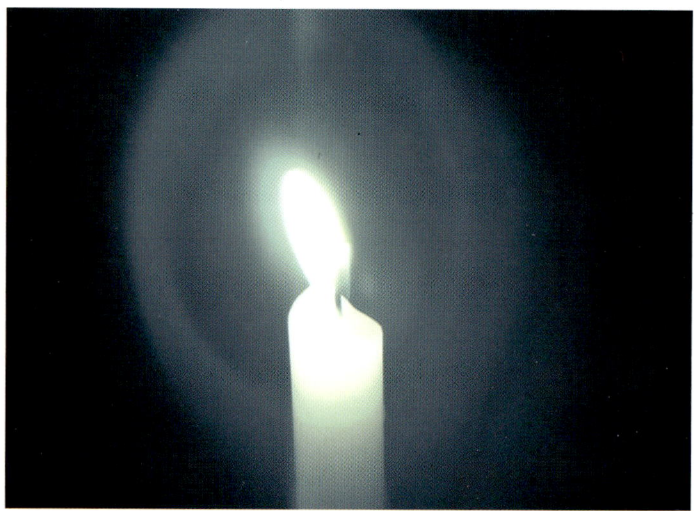

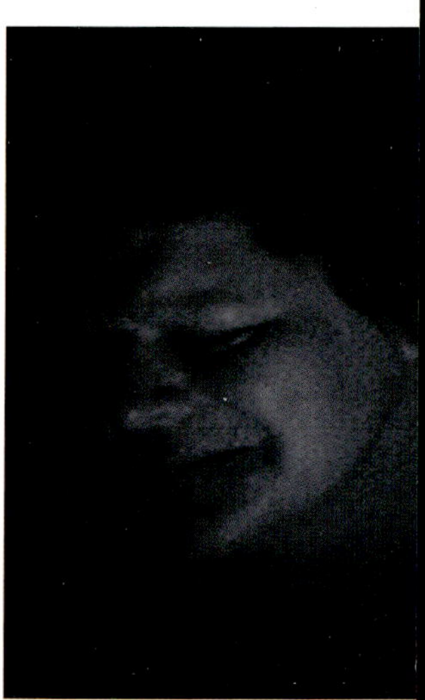

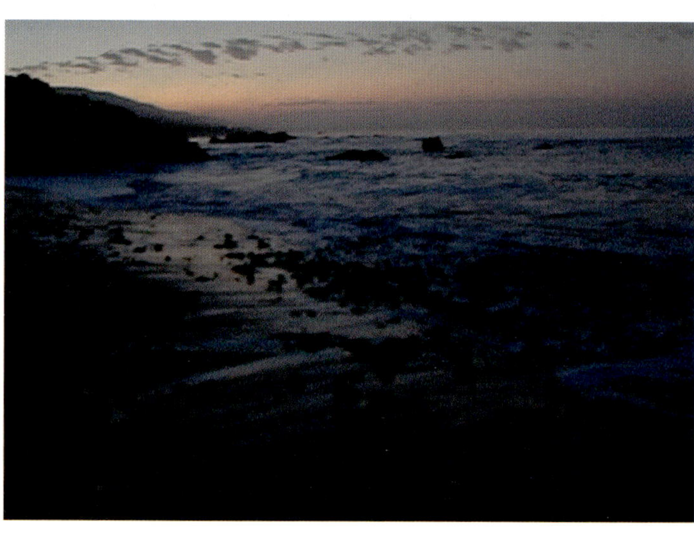

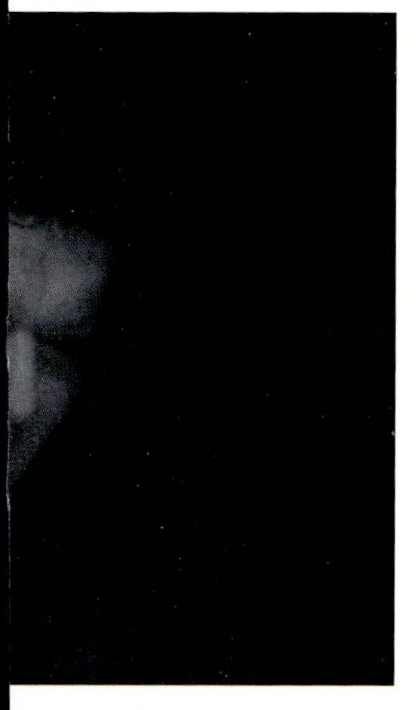
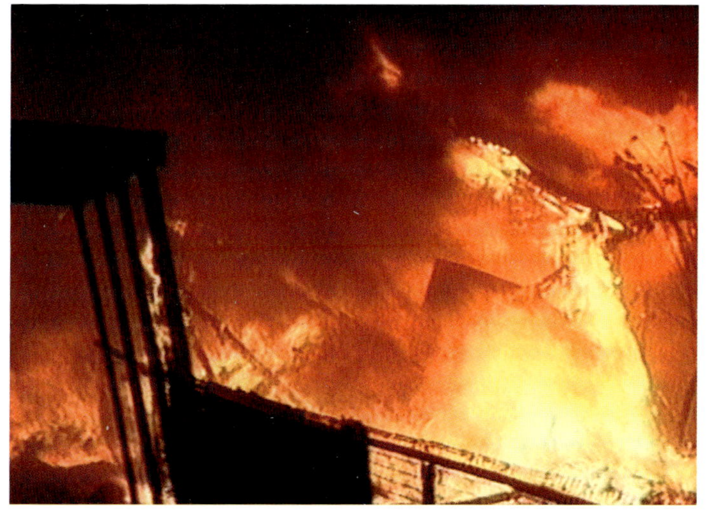

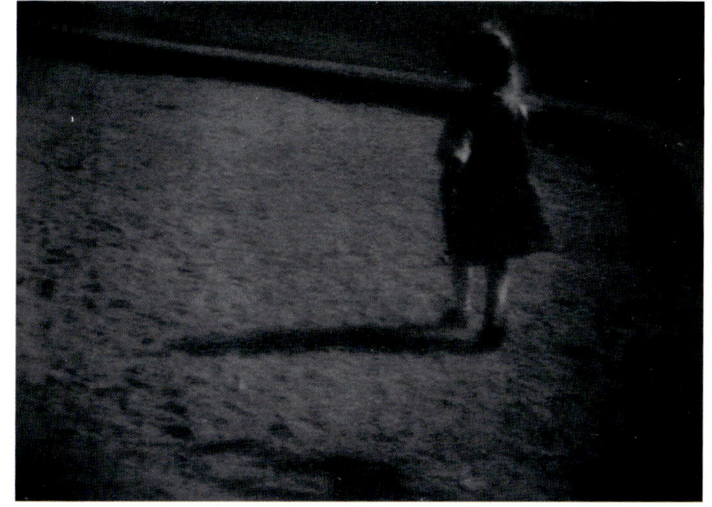

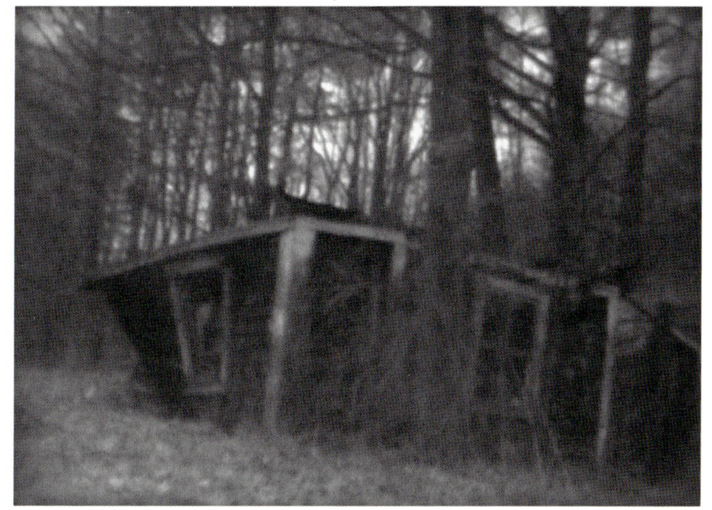

THE INNOCENTS, 2007

Dittico a colori in alta definizione su schermi al plasma montati su parete
91.4 x 111.8 x 10.2 cm (36 x 44 x 4 in)
6:49 minuti

Color High-Definition video diptych on plasma displays mounted on wall
91.4 x 111.8 x 10.2 cm (36 x 44 x 4 in)
6:49 minutes

The Innocents fa parte della serie *Transfigurations*, un gruppo di opere che riflette sul passare del tempo e sul processo di trasformazione dell'interiorità umana. Il dittico presenta due giovani, un ragazzo e una ragazza, sulla soglia della maggiore età: un periodo esaltante, o faticoso, per molti adolescenti. Le due figure emergono indipendentemente dall'ombra e man mano che camminano verso di noi i loro tratti si fanno più chiari. Ci rendiamo conto che il loro sarà un viaggio solitario: tra i due non c'è alcuna interazione.

Dopo aver raggiunto la soglia, indugiano, come se aspettassero qualcosa. Fatto un passo avanti, un sottile velo d'acqua si riversa sopra di loro, trasformandosi ben presto in una cascata impetuosa. A fatica riescono ad aprirsi un varco nel muro d'acqua. Fradici e storditi, vanno verso la luce, quasi fossero i protagonisti di un rito di passaggio, di nascita, e lentamente diviene loro chiaro che sono arrivati. Non sono più le persone che erano un attimo prima. Si guardano intorno, osservano i colori, i materiali, aspirano la luce. Poi, come un dolore sottile che non vuole andare via, sentono il desiderio della pace e del conforto di una patria alla fine del viaggio. Vengono ricondotti indietro, là da dove sono venuti, lentamente, inesorabilmente, attraverso la luce e l'acqua, nella consolante oscurità della loro nascita e dell'eternità che si estende oltre quella.

The Innocents is part of the "Transfigurations" series, a group of works that reflect on the passage of time and the process by which a person's inner being is transformed. This diptych presents two young people, male and female, in the throes of coming of age, a time that can be either exciting or stressful for many teenagers. They emerge independently from the shadows and walk towards us, their features becoming increasingly clear as they approach. We realize that their journeys will be solitary, with no interaction between them.

They reach a threshold and pause, as if anticipating something. Stepping forward, a thin film of water pours over them, quickly turning into a rushing waterfall. In their struggle they succeed in breaking through the flow. Moving into the light, soaking wet and stunned, as if enduring a rite of passage or a birth, it slowly dawns on them that they have arrived. They are not the person they were a moment ago. They survey their surroundings, the colors, the textures, and draw in the light. Then, like a subtle gnawing that won't go away, they feel a longing for peace and the comfort of a homeland at journey's end. They are drawn back from whence they came, slowly, inexorably, back though the light and the water, and into the comforting darkness of their birth and the eternity that awaits beyond.

B.V.

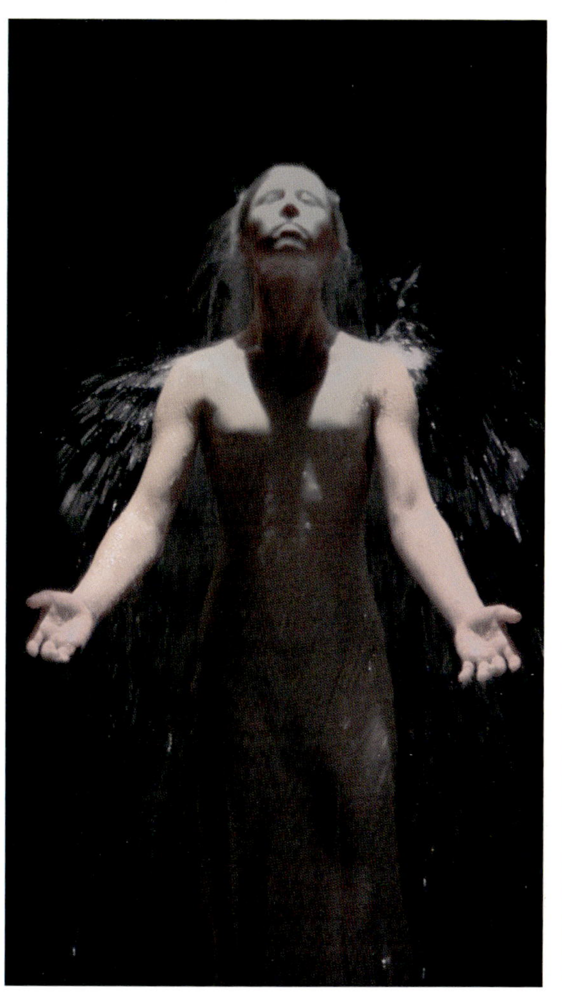 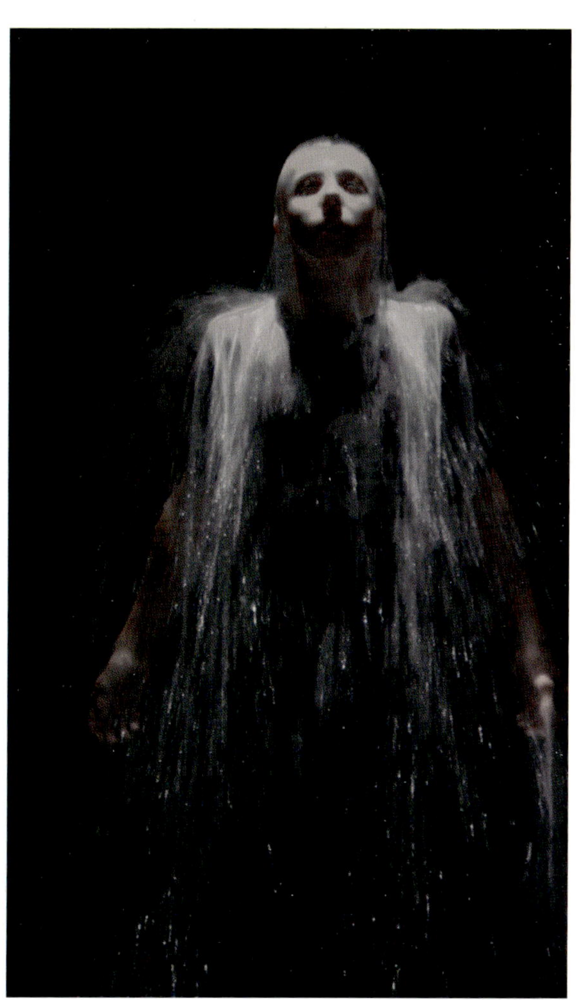

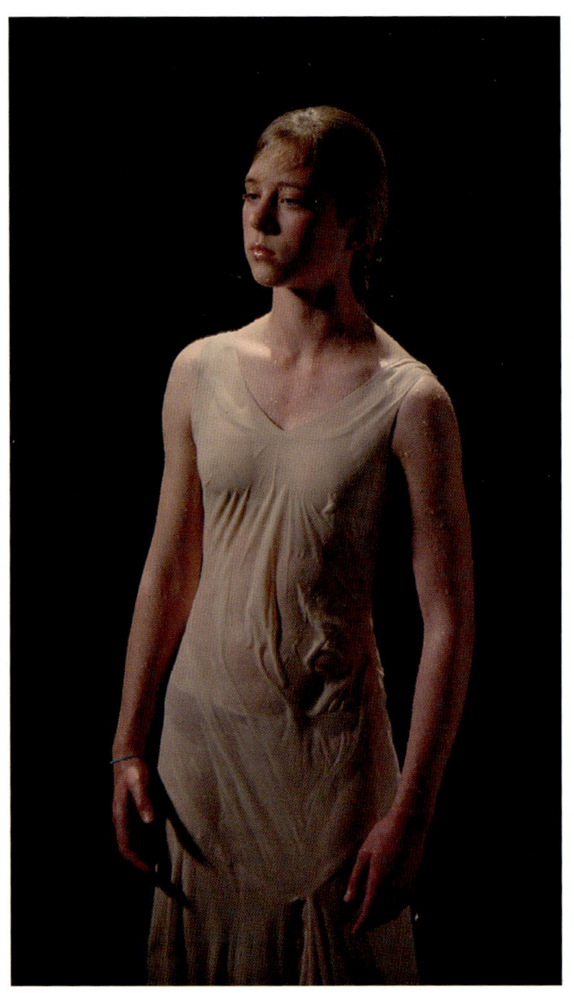
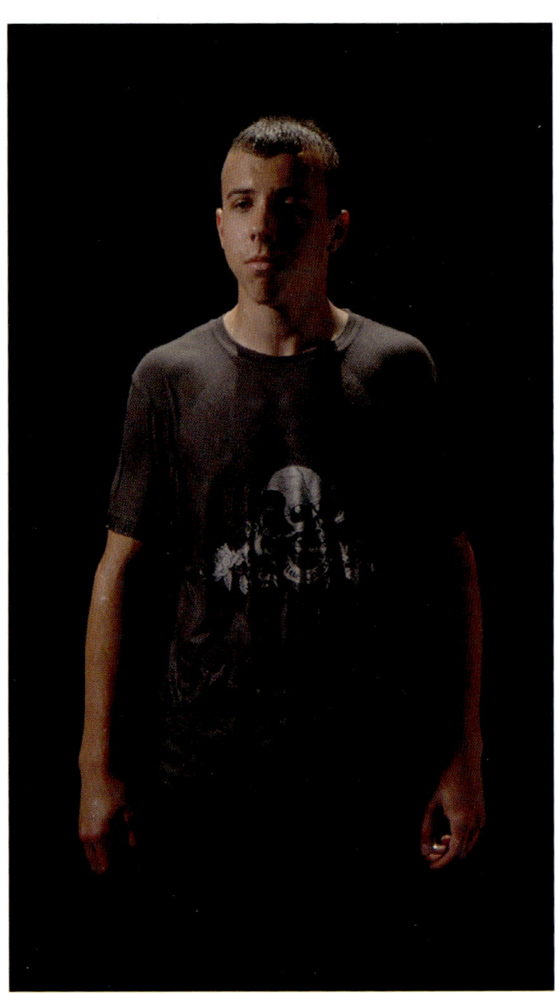

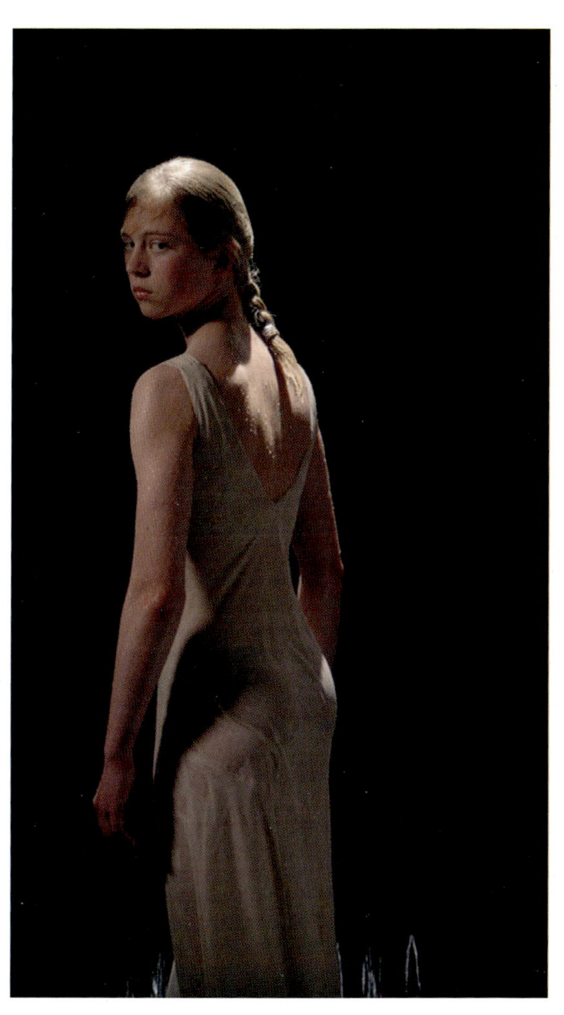
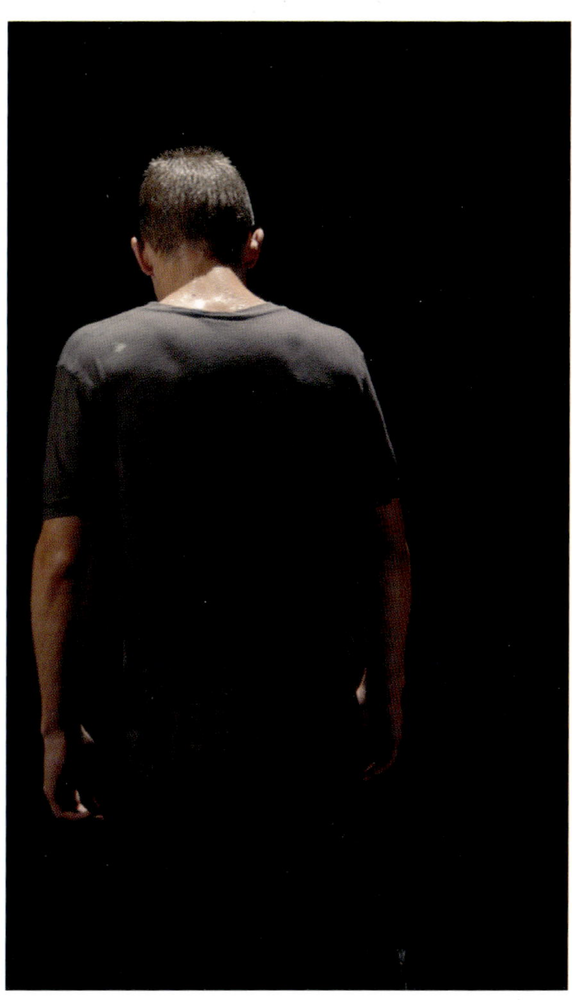

THREE WOMEN, 2008

Video a colori in alta definizione su schermi al plasma montati su parete
155.5 x 92.5 x 12.7 cm (61 1/5 x 36 2/5 x 5 in)
9:06 minuti

Color High-Definition video on plasma display mounted on wall
155.5 x 92.5 x 12.7 cm (61 1/5 x 36 2/5 x 5 in)
9:06 minutes

Three Women fa parte della serie *Transfigurations*, un gruppo di opere che riflette sul passare del tempo e sul processo di trasformazione dell'interiorità umana. Il mistico medievale Ibn al' Arabi descrive l'esistenza come un viaggio infinito quando scrive: "Il sé è un oceano senza rive. Contemplarlo non ha inizio né fine, in questo mondo e nell'altro". Questa visione così profonda della natura eterna della vita umana trova un'espressione eloquente in *Three Women*.
Nel grigio indistinto e spettrale di uno spazio oscuro, una madre e le sue due figlie avanzano lentamente verso un invisibile confine. Passano attraverso un muro d'acqua, alla soglia tra la vita e la morte, e vanno verso la luce, trasformandosi in esseri viventi fatti di carne e ossa. Presto, la madre capisce che è arrivato per lei il momento di tornare indietro e alla fine le figlie la seguono, lentamente, entrambe tentate di dare un ultimo sguardo al mondo della luce prima di scomparire nelle grigie tremolanti nebbie del tempo.

Three Women is part of The "Transfigurations" series, a group of works that reflect on the passage of time and the process by which a person's inner being is transformed. The medieval mystic Ibn al' Arabi described life as an endless journey when he said, "*The Self is an ocean without a shore. Gazing upon it has no beginning or end, in this world and the next.*" This profound vision of the eternal nature of human life is eloquently expressed in *Three Women*.
In the dim, ghostly grey of a darkened space, a mother and her two daughters slowly approach an invisible boundary. They pass through a wall of water at the threshold between life and death, and move into the light, transforming into living beings of flesh and blood. Soon, the mother recognizes that it is time for her to return, and eventually her children slowly follow, each tempted to have one more look at the world of light before disappearing into the shimmering, gray mists of time.

B.V.

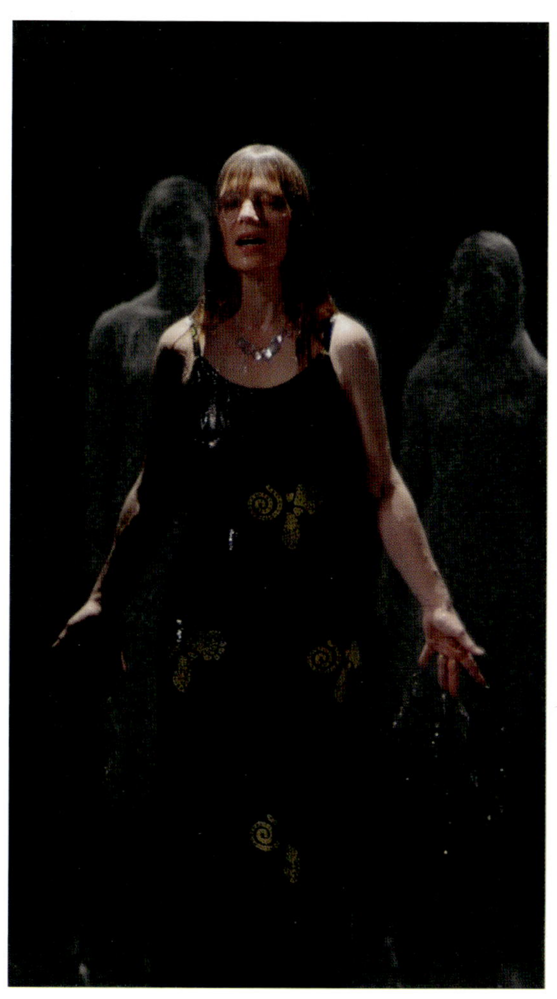
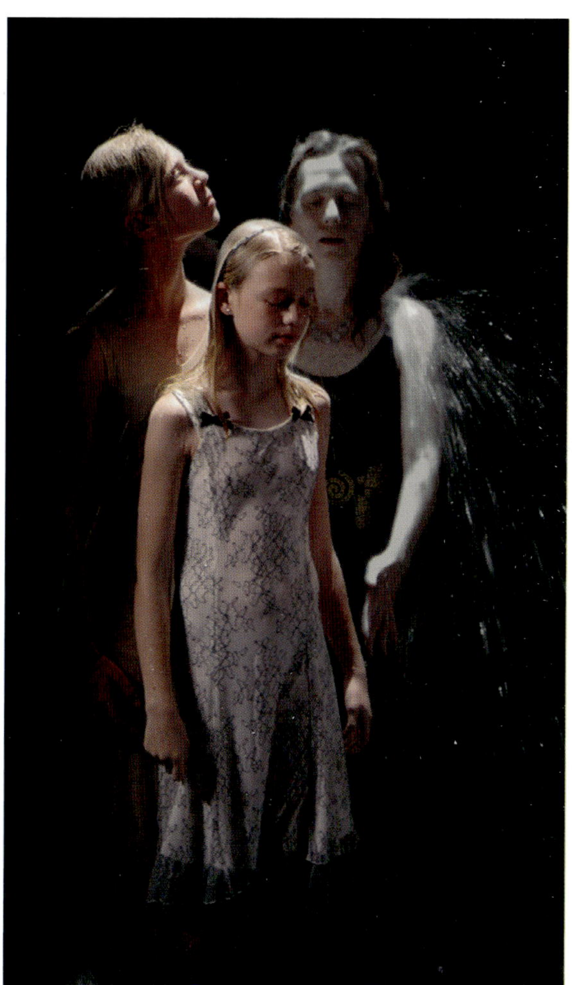

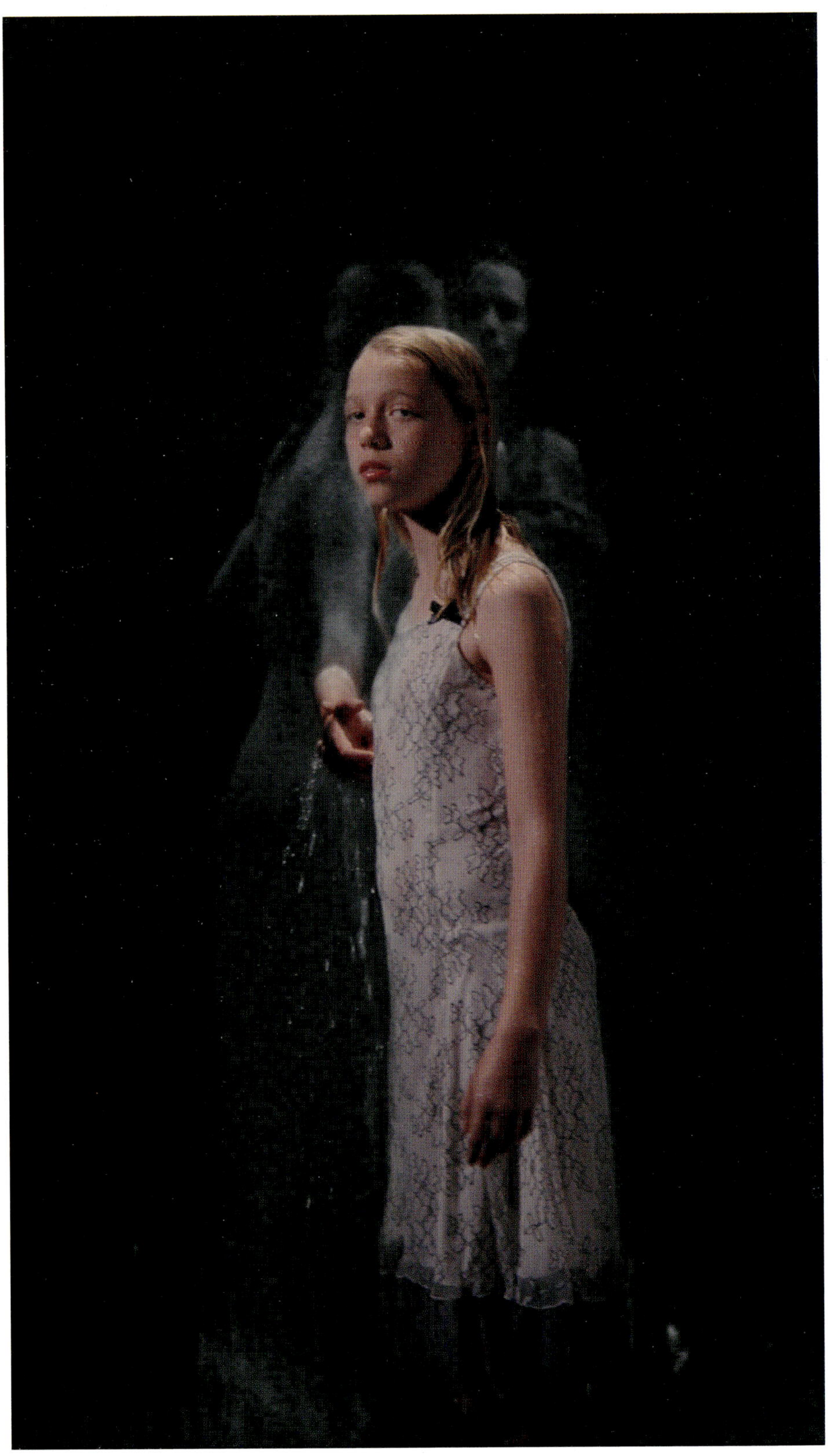

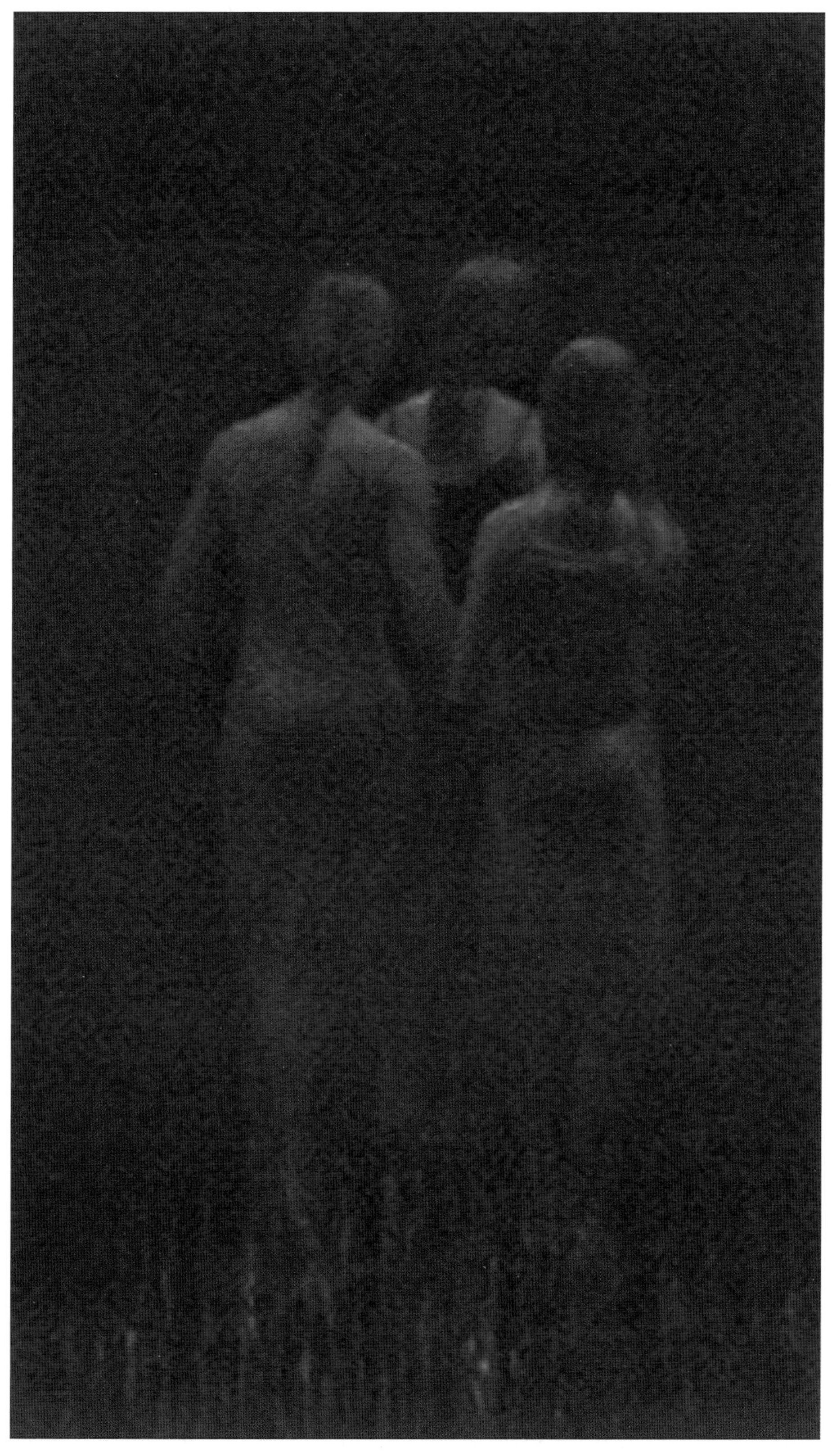

APPARATI / APPENDIX

BIOGRAFIA

Celebre in tutto il mondo, l'artista multimediale Bill Viola (nato nel 1951) ha dato un contributo fondamentale all'affermazione del video come espressione fondamentale dell'arte contemporanea. Da quarant'anni crea videoinstallazioni, video, ambienti sonori, performance di musica elettronica, pezzi per schermi piatti, video per la televisione, i concerti, l'opera e gli spazi sacri. I suoi video a canale singolo sono disponibili in dvd, mentre i suoi scritti sono stati pubblicati e tradotti in molti paesi. Nei suoi lavori Viola utilizza magistralmente sofisticate tecnologie per esplorare gli aspetti spirituali e gli elementi percettivi dell'esperienza umana, puntando l'attenzione su temi universali quali la nascita, la morte e il dispiegarsi della coscienza. Le sue opere trovano ispirazione nell'arte occidentale e orientale, e nelle tradizioni spirituali del buddismo zen, del sufismo islamico e del misticismo cristiano.

Le opere di Viola sono esposte nei musei e nelle gallerie di tutto il mondo e fanno parte di molte importanti collezioni. Nel 1995 l'artista ha rappresentato gli Stati Uniti alla XLVI Biennale di Venezia. Tra le sue mostre più recenti in Italia, ricordiamo *Bill Viola: visioni interiori* allestita al Palazzo delle Esposizioni di Roma nel 2008. Nel 2010 due opere della serie *Tristan* sono state presentate nell'Aula Magna dell'Università di Bologna e alla Galleria dell'Accademia di Firenze; la videoinstallazione *Emergence* è stata esposta alla Tribune Gallery a Roma, 2008, *Bill Viola per Capodimonte* al Museo di Capodimonte, Napoli, 2010 e *Amore e Morte*, Gucci Museo, Firenze, 2011. Nel corso della sua carriera Viola ha ottenuto molti premi e riconoscimenti tra cui la John D. and Catherine T. MacArthur Foundation Fellowship e la nomina all'American Academy of Arts and Sciences. È stato insignito del titolo di commendatore dell'Ordre des Arts et des Lettres e il governo catalano gli ha assegnato il XXI Premi Internacional Catalunya. Nel 2011 ha vinto il Praemium Imperiale per l'arte della Japan Art Association. Vive a Long Beach, in California, con la moglie e collaboratrice di vecchia data Kira Perov.

BIOGRAPHY

Internationally renowned media artist Bill Viola (born in 1951) has been a leader in the establishment of video as a vital form of contemporary art. For 40 years he has created architectural video installations, video films, sound environments, electronic music performances, flat panel video pieces, videos for television broadcast as well as for music concerts, opera, and sacred spaces. His single-channel videotapes have been widely distributed on DVD, while his writings have been extensively published and translated for international readers.

Viola's video works masterfully utilize sophisticated media technologies while exploring the spiritual and perceptual side of human experience, focusing on universal human themes–birth, death, the unfolding of consciousness–and have roots in both Eastern and Western art as well as the spiritual traditions of Zen Buddhism, Islamic Sufism and Christian mysticism.

His works are shown in museums and galleries worldwide and are found in many distinguished collections. In 1995 Viola represented the US at the 46th Venice Biennale, and his most recent exhibitions in Italy include *Bill Viola: Visioni Interiori* at the Palazzo delle Esposizioni in Rome, 2008. In 2010, two works were presented from the "Tristan" series in the Aula Magna of the University of Bologna, and at the Galleria dell'Accademia in Florence, the video installation *Emergence* was presented in the Tribune Gallery in Rome, 2008, *Bill Viola per Capodimonte* at Museo di Capodimonte, Naples in 2010 and *Amore e Morte*, Gucci Museo, Florence in 2011. He is the recipient of many honors and awards including a John D. and Catherine T. MacArthur Foundation Fellowship, and was elected to the American Academy of Arts and Sciences. He was awarded Commander of the Order of Arts and Letters by the French Government, and was honored by the Government of Catalonia with the XXI Catalonia International Prize. In 2011 he received the Praemium Imperiale prize in the category of painting from the Japan Art Association. He lives in Long Beach, California, with his wife and long-time collaborator Kira Perov.

ESPOSIZIONI

Personali (Selezione)
2011 *Bill Viola: Liber Insularum*, Sala de Arte Contemporaneo del Gobierno de Canarias, Tenerife.
Bill Viola: Transformations, Gallery Koyanagi, Tokyo.
Amore e Morte, Museo Gucci, Firenze.
Ocean Without a Shore, Pennsylvania Academy of the Fine Arts (PAFA), Philadelphia.
2010 *Bill Viola: Visitation*, St. Louis Art Museum, St. Louis, Missouri.
Bill Viola: Obras Figurativas, Museo Picasso, Malaga.
Bill Viola: The Tristan Project, St. Carthage's, presentata da Kaldor Art Projects in collaborazione con il Melbourne Festival, Melbourne, Australia.
Bill Viola per Capodimonte, Museo di Capodimonte, Napoli.
2009 *Bill Viola: Bodies of Light*, James Cohan Gallery, New York.
Bill Viola: The Intimate Work, De Pont Museum of Contemporary Art, Tilburg, Paesi Bassi.
Bill Viola: Being Time, The Pier Arts Center, Stromness, Orkney, Scozia.
Bill Viola: Installations and Screenings ("Screenings", nell'ambito del Forum Expanded, LIX Berlinale), Haunch of Venison, Berlino.
2008 *Bill Viola: visioni interiori*, Palazzo delle Esposizioni, Roma.
Bill Viola: Ocean Without a Shore, installazione, National Gallery Victoria, Australia.
Bill Viola: Transfigurations, Kukje Gallery, Seoul.
Bill Viola: The Tristan Project (installazioni), Art Gallery of New South Wales e St. Saviour's Church, Sydney.
2007 *Bill Viola: Ocean Without a Shore*, installazione nella chiesa di San Gallo, evento collaterale alla LII Biennale di Venezia.
Bill Viola, The Zacheta National Gallery of Art, Varsavia.
Bill Viola: Works from the Tristan Project, James Cohan Gallery, New York.
Bill Viola: Las Horas Invisibles, Museo de Bellas Artes de Granada, Palacio de Carlos V, La Alhambra.
2006 *Bill Viola: Hatsu-Yume (First Dream)*, Mori Art Museum, Tokyo.
"Bill Viola–Video", Kunsthalle Bremen, Germania, vincitore del NORD/LB Art Prize 2006.
LOVE/DEATH The Tristan Project, Haunch of Venison (due sedi), Londra.
2005 *Bill Viola*, James Cohan Gallery, New York.
Tristan und Isolde, prima della messa in scena completa con video, Opéra National de Paris, regia di Peter Sellars, direttore Esa-Pekka Salonen.
Bill Viola Visions, ARoS Aarhus Kunstmuseum, Aarhus, Danimarca.
2004 *The Tristan Project*, prima, video di quattro ore per la nuova produzione di Peter Sellars, *Tristan und Isolde* (versione concerto), Walt Disney Concert Hall, Los Angeles Philharmonic, direttore Esa-Pekka Salonen. Prima di New York, Avery Fisher Hall, Lincoln Center for the Performing Arts (2007), Los Angeles Philharmonic, direttore Esa-Pekka Salonen; Gergiev Festival, De Doelen Concert Hall, Rotterdam, direttore Valery Gergiev; White Nights Festival (2008), Mariinsky Theatre Concert Hall, San Pietroburgo, direttore Valery Gergiev.
Bill Viola: Temporality and Transcendence, Guggenheim Museum Bilbao.
2003 *Bill Viola: Five Angels for the Millennium*, Ruhrtriennale, Gasometer, Oberhausen, Germania.
Bill Viola, Kukje Gallery.
Bill Viola: The Passions, The J. Paul Getty Museum, Los Angeles. Allestita anche presso The National Gallery, Londra; Fundación "la Caixa", Madrid (2005); National Gallery of Australia, Canberra.
2002 *Bill Viola: Going Forth By Day*, Deutsche Guggenheim, Berlino.
2001 *Bill Viola: Five Angels for the Millennium*, Anthony d'Offay Gallery, Londra.
2000 *Bill Viola: The Greeting*, Festival d'Automne à Paris, Église Saint-Eustache.
Bill Viola: New Work, James Cohan Gallery, New York.
The World of Appearances, Helaba Main Tower, Francoforte (installazione permanente).
1997 *Bill Viola: A 25-Year Survey* organizzata da Whitney Museum of American Art, New York. Allestita anche presso Los Angeles County Museum of Art; Whitney Museum of American Art (1997); Stedelijk Museum, Amsterdam; Museum für Moderne Kunst, Francoforte (1999); San Francisco Museum of Modern Art; Art Institute of Chicago (1999-2000).

EXHIBITIONS

One Person Exhibitions (Selected)
2011 "Bill Viola: Liber Insularum," Sala de Arte Contemporaneo del Gobierno de Canarias, Tenerife, Canary Islands, Spain.
"Bill Viola: Transformations," Gallery Koyanagi, Tokyo, Japan
"Amore e Morte," Gucci Museum, Florence, Italy.
"Ocean Without a Shore," Pennsylvania Academy of the Fine Arts (PAFA), Philadelphia, Pennsylvania, USA.
2010 "Bill Viola: Visitation," St. Louis Art Museum, St. Louis, Missouri, USA.
"Bill Viola: Obras Figurativas," Museo Picasso, Málaga, Spain.
"Bill Viola: The Tristan Project," St. Carthage's, Presented by Kaldor Art Projects in conjunction with the Melbourne Festival, Melbourne, Australia.
"Bill Viola per Capdimonte," Museo di Capodimonte, Naples, Italy.
2009 "Bill Viola: Bodies of Light," James Cohan Gallery, New York.
"Bill Viola: The Intimate Work," De Pont Museum of Contemporary Art, Tilburg, Netherlands.
"Bill Viola: Being Time," The Pier Arts Center, Stromness, Orkney, Scotland.
"Bill Viola: Installations and Screenings" (Screenings, part of Forum Expanded, 59th Berlinale), Haunch of Venison, Berlin, Germany.
2008 "Bill Viola: Visioni Interiori," Palazzo delle Esposizioni, Rome, Italy.
"Bill Viola: *Ocean Without a Shore*," installation, National Gallery Victoria, Australia.
"Bill Viola: Transfigurations," Kukje Gallery, Seoul, Korea.

"Bill Viola: The Tristan Project" (installation exhibition), Art Gallery of New South Wales and St. Saviour's Church, Sydney, Australia.
2007 "Bill Viola: *Ocean Without a Shore*," installation in Chiesa di San Gallo, Collateral Event, 52nd Venice Biennale, Venice, Italy.
"Bill Viola," The Zacheta National Gallery of Art, Warsaw, Poland.
"Bill Viola: Works from the Tristan Project," James Cohan Gallery, New York, USA.
"Bill Viola: Las Horas Invisibles," Museo de Bellas Artes de Granada, Palacio de Carlos V, La Alhambra, Spain.
2006 "Bill Viola: Hatsu-Yume (First Dream)," Mori Art Museum, Tokyo, Japan.
"Bill Viola-Video," 2006 Recipient of the NORD/LB Art Prize, Kunsthalle Bremen, Germany.
"LOVE/DEATH The Tristan Project," Haunch of Venison (two venues), London, United Kingdom.
2005 "Bill Viola," James Cohan Gallery, New York, USA.
Tristan und Isolde, premiere of fully staged Peter Sellars' production, with video, l'Opéra National de Paris, conductor Esa-Pekka Salonen, Paris, France.
"Bill Viola Visions," ARoS Aarhus Kunstmuseum, Aarhus, Denmark.
2004 "The Tristan Project," premiere, four hour video for Peter Sellars' new production, *Tristan und Isolde* (concert version), Walt Disney Concert Hall, Los Angeles Philharmonic, conductor Esa-Pekka Salonen. New York premiere, Avery Fisher Hall, Lincoln Center for the Performing Arts (2007), Los Angeles Philharmonic, conductor Esa-Pekka Salonen;

Gergiev Festival, De Doelen Concert Hall, Rotterdam, conductor Valery Gergiev; White Nights Festival (2008), Mariinsky Theatre Concert Hall, St Petersburg, conductor Valery Gergiev.
"Bill Viola: Temporality and Transcendence," Guggenheim Museum Bilbao, Spain.
2003 "Bill Viola: *Five Angels for the Millennium*," Ruhrtriennale, Gasometer, Oberhausen, Germany.
"Bill Viola," Kukje Gallery.
"Bill Viola: The Passions," The J. Paul Getty Museum, Los Angeles. Travels to The National Gallery, London; Fundación "la Caixa," Madrid (2005); National Gallery of Australia, Canberra.
2002 "Bill Viola: *Going Forth By Day*," Deutsche Guggenheim, Berlin, Germany.
2001 "Bill Viola: *Five Angels for the Millennium*," Anthony d'Offay Gallery, London, United Kingdom.
2000 "Bill Viola: *The Greeting*," Festival d'Automne à Paris, Église Saint-Eustache.
"Bill Viola: New Work," James Cohan Gallery, New York, USA.
"The World of Appearances," Helaba Main Tower, Frankfurt, Germany (permanent installation).
1997 "Bill Viola: A 25-Year Survey," organized by the Whitney Museum of American Art, New York, Travels to Los Angeles County Museum of Art; Whitney Museum of American Art (1997); Stedelijk Museum, Amsterdam; Museum für Moderne Kunst, Frankfurt (1999); San Francisco Museum of Modern Art; Art Institute of Chicago (1999-2000).
"Bill Viola: Fire, Water, Breath,"

Bill Viola: Fire, Water, Breath, Guggenheim Museum (SoHo), New York.

1996 *Bill Viola: Trilogy: Fire, Water, Breath*, Chapelle Saint-Louis de la Salpêtrière, Festival d'Automne à Paris.

Bill Viola: The Messenger, Durham Cathedral, Visual Arts UK **1996**, Durham. Allestita anche presso South London Gallery; Video Positiva-Moviola, Liverpool; The Fruitmarket Gallery, Edimburgo; Oriel Mostyn, Gwynedd, Galles; The Douglas Hyde Gallery, Trinity College, Dublino (1997).

"Bill Viola: New Work", Savannah College of Art and Design, Savannah, Georgia.

1995 *Buried Secrets*, padiglione degli Stati Uniti, XLVI Biennale di Venezia, presentata anche presso Kestner-Gesellschaft, Hannover; Institute of Contemporary Art, Boston; Arizona State University Art Museum, Tempe (1996).

1994 *Bill Viola: Território do Invisível/Site of the Unseen*, Centro Cultural/Banco do Brazil, Rio de Janeiro.

Déserts (film creato per la composizione musicale *Déserts* di Edgard Varèse), in collaborazione con Ensemble Modern, direttore Peter Eötvös, Wien Modern, Konzerthaus, Vienna, (prima). Altre rappresentazioni: Konzerthaus, Karlsruhe (1995); Muffathalle, Monaco; Palazzetto dello Sport, Venezia; Hallein/Perner-Insel, Salisburgo; Alte Oper, Francoforte; Konzerthaus, Berlino; Concertgebouw, Amsterdam; Royal Festival Hall, Londra (1996); Globe Arena, Stoccolma; Auditorium RAI, Torino; Théatre des Champs-Élysées, Parigi (l'opera continua a essere eseguita da altre orchestre).

1992 *Bill Viola. Unseen Images*, Stadtische Kunsthalle Düsseldorf. Allestita anche presso: Moderna Museet, Stoccolma (1993); Museo Nacional Centro de Arte Reina Sofia, Madrid; Musée Cantonal des Beaux-Arts, Losanna; Whitechapel Art Gallery, Londra; Tel Aviv Museum of Art (1994).

Bill Viola: Two Installations, Anthony d'Offay Gallery, Londra.

Bill Viola, Donald Young Gallery, Seattle.

Bill Viola: Nantes Triptych, Chappelle de l'Oratoire, Musée des Beaux-Arts, Nantes.

1990 *Bill Viola: The Sleep of Reason*, Fondation Cartier pour l'Art Contemporain, Jouy-en-Josas.

1989 *Bill Viola*, Fukui Prefectural Museum of Art, Fukui, Giappone, nell'ambito della III Fukui International Video Biennale.

1988 *Bill Viola: Survey of a Decade*, Contemporary Arts Museum, Houston, Texas.

1987 *Bill Viola: Installations and Videotapes*, The Museum of Modern Art, New York.

1985 *Bill Viola*, Moderna Museet, Stoccolma.

1983 *Bill Viola*, ARC, Musée d'Art Moderne de la Ville de Paris.

1979 *Projects: Bill Viola*, The Museum of Modern Art, New York.

1974 *Bill Viola: Video and Sound Installations*, The Kitchen Center, New York.

1973 *New Video Work*, Everson Museum of Art, Syracuse, New York.

Guggenheim Museum (SoHo), New York, USA.

1996 "Bill Viola: Trilogy: Fire, Water, Breath," Chapelle Saint-Louis de la Salpêtrière, Festival d'Automne à Paris, Paris, France.

"Bill Viola: *The Messenger*," Durham Cathedral, Visual Arts UK 1996, Durham, England. Travels to South London Gallery; Video Positiva-Moviola, Liverpool; The Fruitmarket Gallery, Edinburgh; Oriel Mostyn, Gwynedd, Wales; The Douglas Hyde Gallery, Trinity College, Dublin (1997).

"Bill Viola: New Work," Savannah College of Art and Design, Savannah, Georgia, USA.

1995 "Buried Secrets," United States Pavilion, 46th Venice Biennale, Travels to Kestner-Gesellschaft, Hannover; Institute of Contemporary Art, Boston; Arizona State University Art Museum, Tempe (1996).

1994 "Bill Viola: Território do Invisível/Site of the Unseen," Centro Cultural/Banco do Brazil, Rio de Janeiro.

Déserts (A film created for the music composition *Déserts* by Edgard Varèse), a collaboration with the Ensemble Modern, conductor Peter Eötvös, Wien Modern, Konzerthaus, Vienna, (premiere). Other performances: Konzerthaus, Karlsruhe (1995); Muffathalle, Munich; Palazzetto dello Sport, Venice; Hallein/Perner-Insel, Salzburg; Alte Oper, Frankfurt; Konzerthaus, Berlin; Concertgebouw, Amsterdam; Royal Festival Hall, London (1996); Globe Arena, Stockholm; Auditorio RAI, Turin; Théatre des Champs-Élysées, Paris (performances with other orchestras continue to the present).

1992 "Bill Viola. Unseen Images," Stadtische Kunsthalle Düsseldorf. Travels to: Moderna Museet, Stockholm (1993); Museo Nacional Centro de Arte Reina Sofia, Madrid; Musée Cantonal des Beaux-Arts, Lausanne; Whitechapel Art Gallery, London; Tel Aviv Museum of Art (1994).

"Bill Viola: Two Installations," Anthony d'Offay Gallery, London, United Kingdom.

"Bill Viola," Donald Young Gallery, Seattle, USA.

"Bill Viola: *Nantes Triptych*," Chappelle de l'Oratoire, Musée des Beaux-Arts, Nantes, France.

1990 "Bill Viola: *The Sleep of Reason*," Fondation Cartier pour l'Art Contemporain, Jouy-en-Josas, France.

1989 "Bill Viola," Fukui Prefectural Museum of Art, Fukui City, Japan, part of The 3rd Fukui International Video Biennale.

1988 "Bill Viola: Survey of a Decade," Contemporary Arts Museum, Houston, Texas, USA.

1987 "Bill Viola: Installations and Videotapes," The Museum of Modern Art, New York, USA.

1985 "Bill Viola," Moderna Museet, Stockholm, Sweden.

1983 "Bill Viola," ARC, Musée d'Art Moderne de la Ville de Paris.

1979 "Projects: Bill Viola," The Museum of Modern Art, New York, USA.

1974 "Bill Viola: Video and Sound Installations," The Kitchen Center, New York, USA.

1973 "New Video Work," Everson Museum of Art, Syracuse, New York, USA.

2011

Ferrari Luigi, a cura di, *Bill Viola: 10 opere video single channel 1976-1994* (catalogo della mostra), testi di Bruno Cagli, Paolo Fabbri, David A. Ross, Ravenna, Danilo Montanari Editore. Pesaro, Galleria di Franca Mancini. In italiano e inglese.

2010

Bill Viola per Capodimonte (catalogo della mostra), testi di Maria Gloria Conti Bicocchi, Angela Tecce, Maria Utili, Valentina Valentini, Bill Viola. Napoli, Museo di Capodimonte. In italiano.
Thierry Kuntzel - Bill Viola: Deux Éternités Proches / Two Close Eternities (catalogo della mostra), testi di Raymond Bellour, Anne-Marie Duguet, Kathy Rae Huffman, Barbara London, Paul-Emmanuel Odin, Bill Viola. Tourcoing, Le Fresnoy, Studio national des arts contemporains. In francese e inglese.

2009

Perov, Kira, a cura di, *Bill Viola: Bodies of Light* (catalogo della mostra), testi di James Cohan and Bill Viola. New York, James Cohan Gallery.

2008

Perov, Kira, a cura di, *Bill Viola: visioni interiori* (catalogo della mostra), testi di Maria Gloria Conti Bicocchi, Kira Perov, Salvatore Settis, Valentina Valentini e Bill Viola, Firenze, Giunti Arte Mostre Musei. Roma, Palazzo delle Esposizioni. In italiano.
Bill Viola: Transfigurations (catalogo della mostra), testi di Kelly Sidley e Bill Viola. Seoul, Kukje Gallery. In inglese e coreano.

2007

Bill Viola: Las Horas Invisibles (catalogo della mostra), testi di David Ross, Bill Viola e John Walsh. Siviglia, Junta de Andalucía, Consejería de Cultura, 2007. In spagnolo.
Brewinska, Maria, a cura di, *Bill Viola* (catalogo della mostra), testi di Maria Brewinska, Benjamin Cope, Minoru Hatanaka, Jaroslaw Lubiak e Bill Viola. Varsavia, Zacheta National Gallery of Art. In polacco e inglese.

2006

Bill Viola: Night Journey (catalogo della mostra), testi di Bill Viola e Piedad Solans. Pollença, Majorca, Ajuntament de Pollença. In catalano, castigliano e inglese.
Bill Viola: Love/Death: The Tristan Project (catalogo della mostra), testi di Simon Grant e Bill Viola. Londra, Haunch of Venison.
Elliott, David e Akio Obigane, a cura di, *Bill Viola: Hatsu-Yume (First Dream)* (catalogo della mostra), testi di David Elliott, David A. Ross, Bill Viola e John Walsh; intervista all'artista e a Kira Perov di Akio Obigane, Tankosha Publishing Co., Ltd. Tokyo, Mori Art Museum. Edizione giapponese e inglese.

2005

Krogh, Anna e Jens Erik Sorensen, a cura di, *Bill Viola: Visions* (catalogo della mostra). Danimarca, ARos Aarhus Kunstmuseum. In danese e inglese.
Fargier, Jean-Paul, *The Reflecting Pool de Bill Viola*, Crisnée, Éditions Yellow Now. In francese. Roma, Bulzoni Editore, 2009 (edizione italiana).

2004

Tristan und Isolde (programma, stagione 2004-2005), testi di Oswald Georg Bauer, Vincent Borel, Vaclav Jamek, Kira Perov, Timothée Picard, Peter Sellars, Makis Solomos, Nicolas Southon e Bill Viola. Parigi, Opéra National de Paris. In francese, inglese e tedesco.
Townsend, Chris, a cura di, *The Art of Bill Viola*, testi di Rhys Davies, Jonathan Lahey Dronsfield, Cynthia Freeland, Antonio Geusa, Elizabeth Ten Grotenhuis, David Jasper, David Morgan, Otto Neumaier, Chris Townsend e Jean Wainwright, London, Thames & Hudson. Milano: Bruno Mondadori, 2005 (edizione italiana).

2003

Walsh, John, a cura di, *The Passions* (catalogo della mostra), testi di Hans Belting, Kira Perov, Peter Sellars, Bill Viola e John Walsh. Los Angeles; The J. Paul Getty Museum in collaborazione con The National Gallery, Londra. Madrid, Fundación "la Caixa," 2004 (edizione spagnola intitolata *Bill Viola: Las Pasiones*).

2002

Bill Viola: Going Forth By Day (catalogo della mostra). Intervista all'artista di John G. Hanhardt.

BIBLIOGRAPHY

2011
Ferrari, Luigi, ed. *Bill Viola: 10 opere video single chanel 1976-1994* (exh. cat.). Texts by Bruno Cagli, Paolo Fabbri, David A. Ross. Pesaro: Galleria di Franca Mancini, and Ravenna: Danilo Montanari Editore. In Italian and English.

2010
Bill Viola per Capodimonte (exh. cat.). Texts by Maria Gloria Conti Bicocchi, Angela Tecce, Maria Utili, Valentina Valentini, Bill Viola. Naples: Museo di Capodimonte. In Italian.
Thierry Kuntzel - Bill Viola: Deux Éternités Proches / Two Close Eternities (exh. cat.). Texts by Raymond Bellour, Anne-Marie Duguet, Kathy Rae Huffman, Barbara London, Paul-Emmanuel Odin, Bill Viola. Tourcoing: Le Fresnoy, Studio national des arts contemporains. In French and English.

2009
Perov, Kira, ed. *Bill Viola: Bodies of Light* (exh. cat.). Texts by James Cohan and Bill Viola. New York: James Cohan Gallery.

2008
Perov, Kira, ed. *Bill Viola: Visioni interiori* (exh. cat.). Texts by Maria Gloria Conti Bicocchi, Kira Perov, Salvatore Settis, Valentina Valentini and Bill Viola. Rome: Palazzo delle Esposizioni, and Florence: Giunti Arte Mostre Musei. In Italian.
Bill Viola: Transfigurations (exh. cat.). Texts by Kelly Sidley and

Bill Viola. Seoul: Kukje Gallery. In English and Korean.

2007
Bill Viola: Las Horas Invisibles (exh. cat.). Texts by David Ross, Bill Viola and John Walsh. Seville: Junta de Andalucía, Consejería de Cultura. 2007. In Spanish.
Brewinska, Maria, ed. *Bill Viola* (exh. cat.). Texts by Maria Brewinska, Benjamin Cope, Minoru Hatanaka, Jaroslaw Lubiak and Bill Viola. Warsaw: Zacheta National Gallery of Art, In Polish and English.

2006
Bill Viola: Night Journey (exh. cat.). Texts by Bill Viola and Piedad Solans. Pollença, Majorca: Ajuntament de Pollença. In Catalan, Castillan and English.
Bill Viola: Love/Death: The Tristan Project (exh. cat.). Texts by Simon Grant and Bill Viola. London: Haunch of Venison.
Elliott, David and Akio Obigane, eds. *Bill Viola: Hatsu-Yume (First Dream)* (exh. cat.). Texts by David Elliott, David A. Ross, Bill Viola, John Walsh; interview with the artist and Kira Perov by Akio Obigane. Tokyo: Mori Art Museum and Tankosha Publishing Co., Ltd. (Japanese and English editions).

2005
Krogh, Anna and Jens Erik Sorensen, eds. *Bill Viola: Visions* (exh. cat.). Denmark: ARos Aarhus Kunstmuseum. In Danish and English.
Fargier, Jean-Paul. *The Reflecting*

Pool de Bill Viola. Crisnée: Éditions Yellow Now. In French. Rome: Bulzoni Editore, 2009 (Italian edition).

2004
Tristan und Isolde (program, 2004-2005 season). Texts by Oswald Georg Bauer, Vincent Borel, Vaclav Jamek, Kira Perov, Timothée Picard, Peter Sellars, Makis Solomos, Nicolas Southon, Bill Viola. Paris: Opéra National de Paris. In French, English and German.
Townsend, Chris, ed. *The Art of Bill Viola*. Texts by Rhys Davies, Jonathan Lahey Dronsfield, Cynthia Freeland, Antonio Geusa, Elizabeth Ten Grotenhuis, David Jasper, David Morgan, Otto Neumaier, Chris Townsend and Jean Wainwright. London: Thames & Hudson. Milan: Bruno Mondadori, 2005 (Italian edition).

2003
Walsh, John, ed. *The Passions* (exh. cat.). Texts by Hans Belting, Kira Perov, Peter Sellars, Bill Viola and John Walsh. Los Angeles: The J. Paul Getty Museum in association with The National Gallery, London. Madrid: Fundación "la Caixa," 2004 (Spanish edition titled *Bill Viola: Las Pasiones*).

2002
Bill Viola: Going Forth By Day (exh. cat.). Interview with the artist by John G. Hanhardt. Berlin: Deutsche Bank; New York: Solomon R. Guggenheim Foundation. In English and German.

Berlino, Deutsche Bank; New York, Solomon R. Guggenheim Foundation. In inglese e tedesco.

1997
Bill Viola: A Twenty-Five-Year Survey (catalogo della mostra), testi di Lewis Hyde, Kira Perov, David A. Ross e Bill Viola. New York, Whitney Museum of American Art; Paris, Flammarion; Stuttgart, Cantz, 1999 (edizione tedesca).

1995
Zeitlin, Marilyn A., a cura di, *Bill Viola: Buried Secrets/Segreti sepolti* (catalogo della mostra), testi di Bill Viola e Marilyn Zeitlin. Tempe, Arizona State University Art Museum. In inglese e italiano. Ristampa ampliata: *Bill Viola: Buried Secrets/Vergrabene Geheimnisse*, testi di Carl Haenlein, Susie Kalil, Bill Viola e Marilyn Zeitlin, Hannover, Kestner-Gesellschaft. In tedesco e inglese.
Bill Viola, Reasons for Knocking at an Empty House: Writings 1973-1994, a cura di Robert Violette con Bill Viola. Cambridge, MIT Press; London, Thames and Hudson. Anthony d'Offay Gallery.

1994
Pühringer, Alexander, a cura di, *Bill Viola* (catalogo della mostra), testi di Freidemann Malsch, Celia Montolió, Otto Neumaier e Bill Viola; intervista all'artista di Otto Neumaier e Alexander Pühringer. Salisburgo, Salzburger Kunstverein. In inglese e tedesco.

1993
Valentini, Valentina, a cura di, *Bill Viola: Vedere con la mente e con il cuore*, testi di Valentina Valentini e Bill Viola; intervista all'artista di Jörg Zutter, e intervista a David A. Ross di Gianfranco Mantegna, Roma, Gangemi Editore. In italiano.
Bélisle, Josée, a cura di, *Bill Viola* (catalogo della mostra), testi di Josée Bélisle e Bill Viola. Montreal, Musée d'art contemporain de Montréal. In inglese e francese.

1992
Syring, Marie Luise, a cura di, *Bill Viola: Unseen Images/Nie gesehene Bilder/Images jamais vues* (catalogo della mostra), testi di Rolf Lauter e Marie Luise Syring; intervista all'artista di Jörg Zutter. Düsseldorf, Kunsthalle Düsseldorf. In inglese, francese e tedesco. Edizione spagnola ampliata, *Bill Viola: Más allá de la mirada (imágenes no vistas)*. Madrid, Museo Nacional Centro de Arte Reina Sofía.

1988
Zeitlin, Marilyn A., a cura di, *Bill Viola: Survey of a Decade* (catalogo della mostra), testi di Deirdre Boyle, Kathy Rae Huffman, Christopher Knight, Michael Nash, Joan Seeman Robinson, Gene Youngblood e Marilyn A. Zeitlin. Houston, Contemporary Arts Museum.

1987
London, Barbara, a cura di, *Bill Viola: Installations and Videotapes* (catalogo della mostra), testi di J. Hoberman, Donald Kuspit, Barbara London e Bill Viola. New York, Museum of Modern Art.

1985
"Bill Viola: Statements by the Artist" in *Summer 1985* (catalogo della mostra), introduzione di Julia Brown. Los Angeles, Museum of Contemporary Art.

1983
Bill Viola (catalogo della mostra), testi di Anne-Marie Duguet, John G. Hanhardt, Kathy Rae Huffman, Suzanne Page e Bill Viola; intervista all'artista di Deirdre Boyle. Musée d'Art Moderne de la Ville de Paris. In inglese e francese.

1997
Bill Viola: A Twenty-Five-Year Survey (exh. cat.). Texts by Lewis Hyde, Kira Perov, David A. Ross, and Bill Viola. New York: Whitney Museum of American Art; Paris: Flammarion. Stuttgart: Cantz, 1999 (German edition).

1995
Zeitlin, Marilyn A., ed. *Bill Viola: Buried Secrets/Segreti sepolti* (exh. cat.). Texts by Bill Viola and Marilyn Zeitlin. Tempe: Arizona State University Art Museum. In English and Italian. Reprinted and expanded as *Bill Viola: Buried Secrets/Vergrabene Geheimnisse.* Texts by Carl Haenlein, Susie Kalil, Bill Viola, and Marilyn Zeitlin. Hannover, Germany: Kestner-Gesellschaft, In German and English.
Bill Viola, Reasons for Knocking at an Empty House: Writings 1973-1994. Edited by Robert Violette with Bill Viola. Cambridge: MIT Press; London: Thames and Hudson; Anthony d'Offay Gallery.

1994
Pühringer, Alexander, ed. *Bill Viola* (exh. cat.). Texts by Freidemann Malsch, Celia Montolió, Otto Neumaier, and Bill Viola; interview with the artist by Otto Neumaier and Alexander Pühringer. Salzburg: Salzburger Kunstverein. In English and German.

1993
Valentini, Valentina, ed. *Bill Viola: Vedere con la mente e con il cuore.* Texts by Valentina Valentini and Bill Viola; interviews with the artist by Jörg Zutter, and interview with David A. Ross by Gianfranco Mantegna. Rome: Gangemi Editore, In Italian.
Bélisle, Josée, ed. *Bill Viola* (exh. cat.). Texts by Josée Bélisle and Bill Viola. Montreal: Musée d'art contemporain de Montréal. In English and French.

1992
Syring, Marie Luise, ed. *Bill Viola: Unseen Images/Nie gesehene Bilder/Images jamais vues* (exh. cat.). Texts by Rolf Lauter and Marie Luise Syring; interview with the artist by Jörg Zutter. Düsseldorf: Kunsthalle Düsseldorf. In English, French, and German. Reprinted and expanded for Spanish edition as *Bill Viola: Más allá de la mirada (imágenes no vistas).* Madrid: Museo Nacional Centro de Arte Reina Sofía.

1988
Zeitlin, Marilyn A., ed. *Bill Viola: Survey of a Decade* (exh. cat.). Texts by Deirdre Boyle, Kathy Rae Huffman, Christopher Knight, Michael Nash, Joan Seeman Robinson, Gene Youngblood, and Marilyn A. Zeitlin. Houston: Contemporary Arts Museum.

1987
London, Barbara, ed. *Bill Viola: Installations and Videotapes* (exh. cat.). Texts by J. Hoberman, Donald Kuspit, Barbara London, and Bill Viola. New York: Museum of Modern Art.

1985
"Bill Viola: Statements by the Artist" in *Summer 1985* (exh. cat.). Introduction by Julia Brown. Los Angeles: Museum of Contemporary Art.

1983
Bill Viola (exh. cat.). Texts by Anne-Marie Duguet, John G. Hanhardt, Kathy Rae Huffman, Suzanne Page, and Bill Viola; interview with the artist by Deirdre Boyle. Paris: Musée d'Art Moderne de la Ville de Paris. In English and French.

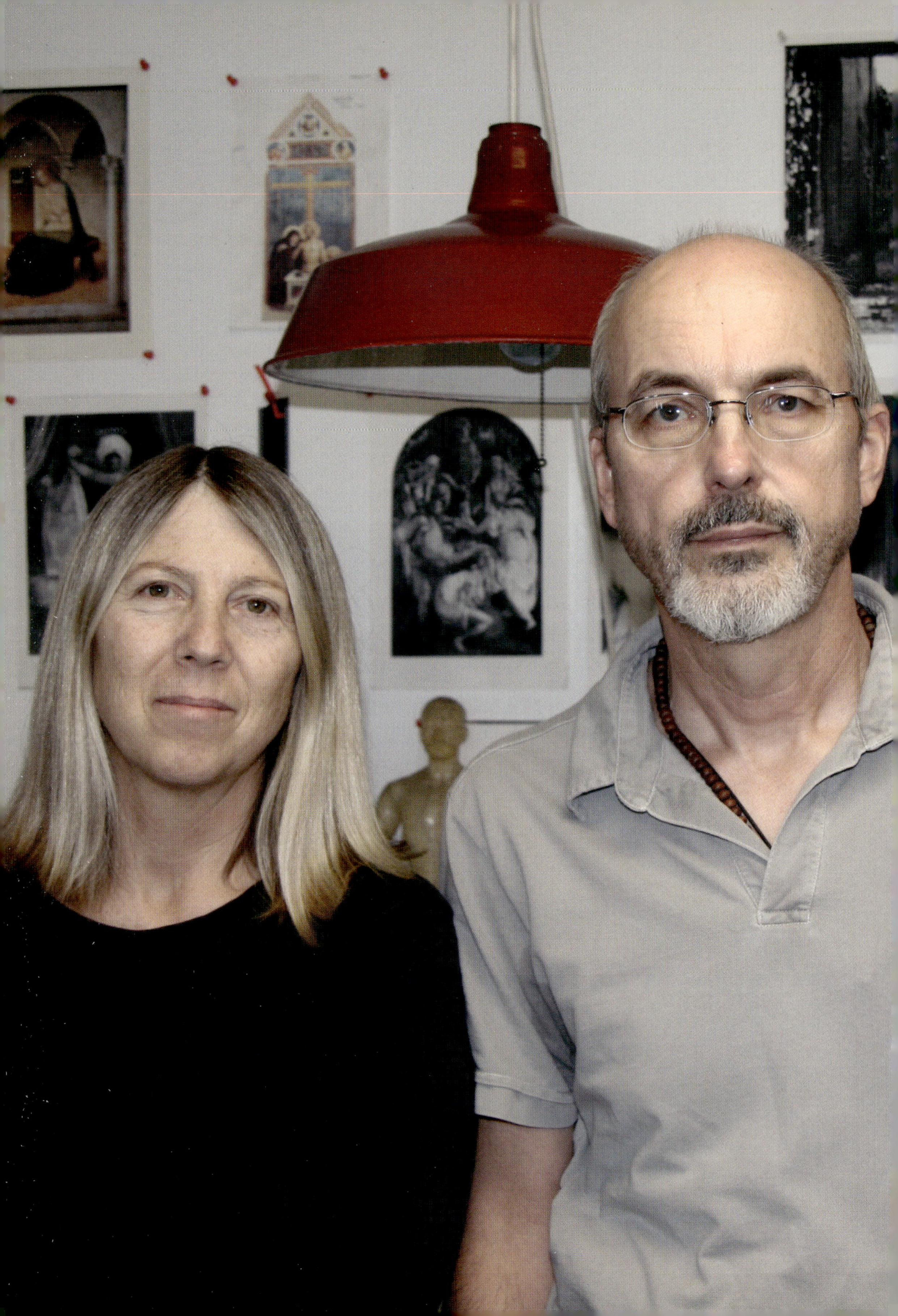

a pagina 126 / at page 126
Kira Perov e / and Bill Viola, 2010

Produzione / Production Credits

Gli undici lavori in mostra sono stati creati da Bill Viola negli anni dal 1997 al 2008 e fanno parte di altre opere composite, tra cui "The Passions" e le serie "Tristan Project" e "Transfigurations". Tra le molte persone di talento che hanno collaborato alla loro realizzazione, citiamo i nomi di coloro che hanno fornito i contributi più importanti.
The eleven pieces in this exhibition were created by Bill Viola from 1977-2008 and are selected from several bodies of work included those titled "The Passions", the "Tristan Project" series, and the "Transfigurations" series. Many talented people worked on the productions and below are the principal team members who have made major contributions to these works.

Regia / Director
Bill Viola

Produttore esecutivo
Executive producer
Kira Perov

Produttori / Producers
Genevieve Anderson, Tobin S. Kirk

Direttore della fotografia
Director of photography
Harry Dawson

Assistente operatore e consulente tecnico / Camera assistant and technical advisor
Brian Garbellini

Aiuto regia / Assistant director
Kenny Bowers

Capisquadra macchinisti / Key grips
Chris Centrella, Brett Jones

Caposquadra elettricisti / Gaffers
Bobby Wotherspoon

Scenografia / Production designers
David Michael Max, Wendy Samuels

Coordinatori degli effetti speciali
Special effects coordinators
Giuliano Fiumani, Robbie Knott

Coordinatore degli stunt
Stunt coordinator
Tom Ficke

Sarti / Wardrobe specialists
Cassendre de le Fortrie, David Norbury

Montaggio off-line / Off-line editor
Alex MacInnis

Montaggio on-line / On-line editors
Randy Lawder, Brian Pete

Immagini digitali / Digital artist
Brian Ross

Coloristi / Colorist
Gino Panaro, Mike Sowa

Supervisore di post-produzione
Post-production supervisor
Michael Hemingway

Progettisti del suono
Sound designers
Mikael Sandgren, Becky Allen

Tecnico di missaggio / Sound mixer
Tom Ozanich

Interpreti / Performers
Ablutions
Lisa Rhoden, Jeff Mills

Emergence
Weba Garretson, John Hay, Sarah Steben

Eternal Return
Josh Coxx

The Innocents
Anika Ballent, Andrei Viola

Passage into Night
Robin Bonaccorsi

Poem B (The Guest House)
Mary Pat Gleason, Tom Fitzpatrick

Three Women
Anika Ballent, Cornelia Ballent, Helena Ballent
Il video di *Tristan und Isolde* (che include *Ablutions, The Darker Side of Dawn* e *Passage into Night*) è stato prodotto da Bill Viola Studio in collaborazione con Opéra National di Parigi, Los Angeles Philharmonic Association, Lincoln Center for the Performing Arts, James Cohan Gallery di New York e Haunch of Venison di Londra.
The video of *Tristan und Isolde* (including *Ablutions, The Darker Side of Dawn, and Passage into Night*) was produced by Bill Viola Studio in collaboration with the National Opera, Paris, the Los Angeles Philharmonic Association, the Lincoln Center for the Performing Arts, the James Cohan Gallery, New York, and Haunch of Venison, London.

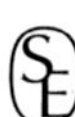

Silvana Editoriale Spa
via Margherita De Vizzi, 86
20092 Cinisello Balsamo, Milano
tel. 02 61 83 63 37
fax 02 61 72 464
www.silvanaeditoriale.it

Le riproduzioni, la stampa e la rilegatura
sono state eseguite presso lo stabilimento
Arti Grafiche Amilcare Pizzi Spa
Cinisello Balsamo, Milano
Reproductions, printing and binding by
Arti Grafiche Amilcare Pizzi Spa
Cinisello Balsamo, Milan

Finito di stampare
nel mese di maggio 2012
Printed May 2012